도덕경

돋을새김 푸른책장 시리즈 **024**

도덕경

초판 발행 2017년 4월 12일

지은이 노자
옮긴이 장석만
발행인 권오현

펴낸곳 돋을새김
주소 서울시 종로구 이화동 27-2 부광빌딩 402호
전화 02-745-1854~5 팩스 02-745-1856
홈페이지 http://blog.naver.com/doduls
전자우편 doduls@naver.com
등록 1997.12.15. 제300-1997-140호

인쇄 금강인쇄(주)(031-943-0082)

ISBN 978-89-6167-230-6 (03150)
Korean Translation Copyright ⓒ 2017, 장석만

값 10,000원

돋을새김
푸른책장
시 리 즈
0 2 4

도덕경

노자 | 장석만 옮김

돋을새김

제 2 부

덕경
德 經

제1부

도경
道經

1

도라고 부를 수 있다면 도가 아니다

도道라고 부를 수 있는 도는 영원한 도가 아니며,
이름을 붙일 수 있는 이름은 영원한 이름이 아니다.
무無는 천지의 시작이요, 유有는 만물의 어머니이다.
그러므로 항상 무에서 그 오묘함을 보아야 하며
언제나 유에서 그 광대무변함을 알아야 한다.
이 둘은 같은 데에서 나왔지만 이름을 달리한다.
이 둘을 하나로 말할 때는 현玄이라 하며
현하고 또 현하니 모든 이치가 나오는 문門이다.

道可道 非常道 名可名 非常名

도가도 비상도 명가명 비상명

無 名天地之始 有 名萬物之母

무 명천지지시 유 명만물지모

故常無 欲以觀其妙 常有 欲以觀其徼

고상무 욕이관기묘 상유 욕이관기요

此兩者 同出而異名 同謂之玄

차양자 동출이이명 동위지현

玄之又玄 衆妙之門

현지우현 중묘지문

　　인간의 언어로 설명할 수 있다면 그것은 진정한 도라고 할 수 없다. 어떤 이름을 붙여 부를 수 있는 것이라면 영원한 이름이라 할 수 없는 것과 같다. 노자의 도덕경은 도에서 시작하여 도에서 끝난다 해도 과언이 아니다. 첫 구절인 道可道 非常道도가도 비상도는 도의 본질을 말하는 것이다. 유교에서 말하는 도는 인간이 마땅히 따라야 할 것을 규정한 실천도덕이지만 노자의 도는 하늘의 도, 즉 천지의 운행 원리를 밝히는 것이다. 그러므로 인간이 표현할 수 있다면 영원불변

역주

常道상도 : 영원히 변하지 않는 도　　　　妙묘 : 오묘, 미묘함

玄현: 신비스럽다, 불가사의하다　　　　衆妙중묘 : 온갖 미묘한 것들. 즉 만물

하는 도가 아니라는 것이다.

인간이 설명할 수 없는 도에서無 하늘과 땅이 시작되었으며, 그렇게 만들어진 하늘과 땅에서有 만물이 만들어진다. 그러니 언제나 무에 머물면서 오묘한 도의 모습을 자세히 살펴보고, 언제나 유에 머물면서 끊임없이 변화 생성하는 도의 움직임을 바라보아야 한다. 무와 유는 비록 이름은 다르지만 모두 하나의 도에서 나왔다. 이 무와 유를 일컬어 불가사의하고 그윽한 현玄이라 하는데, 이것이 더욱 현하고 현하여 끝에 이르면 바로 온갖 이치가 변화하는 도에 이르게 되는 것이다.

노자의 도는 자연법칙의 도이다. 사람은 우주의 수많은 구성요소들 중의 하나로서 우주의 산물이다. 그러므로 사람의 행위는 모두 다 우주의 법칙에 따라야 한다. 그렇게 하지 않는다면 이룰 수 있는 일이 없음은 물론 재앙을 입게 된다. 그러므로 지도자는 반드시 도를 깨달아 지켜야 한다. 사람의 눈에는 보이지 않으며 특정한 이름으로 한정지을 수 없는 자연의 도이지만 엄연한 법칙이 있기 때문이다.

2

없음이 있어야 있음이 생긴다

모두가 아름다운 것을 아름답다고 여기므로 추한 것이 생긴다.
모두가 선한 것을 선하다고 생각하므로 선하지 않은 것이 생긴다.
그러므로 있음도 없음이 있어서 생기는 것이고
어려움도 쉬움이 있어서 만들어지고
긴 것도 짧은 것이 있어 드러나며
높은 것도 낮은 것이 있어 경사를 이루게 되며
음과 소리도 서로 어울리게 되고 앞과 뒤도 서로 이어지게 된다.
그러므로 성인은 무위의 태도로 세상의 일을 처리하고
말없는 가르침을 행한다.
만물을 만들지만 이에 상관하지 않고
성장하게 하지만 소유하지 않으며
기르고도 자랑하지 않고
공을 이루고도 높은 자리에 머물지 않는다.
오직 높은 자리에 머물지 않기 때문에
성인의 공은 영원히 소멸되지 않는 것이다.

天下皆知美之爲美 斯惡已 皆知善之爲善 斯不善已
천하개지미지위미 사악이 개지선지위선 사불선이

故有無相生 難易相成 長短相較 高下相傾 音聲相和 前後相隨
고유무상생 난이상성 장단상교 고하상경 음성상화 전후상수

是以聖人處無爲之事 行不言之敎
시이성인처무위지사 행불언지교

萬物作焉而不辭 生而不有 爲而不恃
만물작언이불사 생이불유 위이불시

功成而弗居 夫唯弗居 是以不去
공성이불거 부유불거 시이불거

세상 사람들이 아름다운 것을 아름답다고 여기기 때문에 상대적
으로 추하다는 관념이 생겨난다. 모두 다 아름다운 것만을 좋아하고
추한 것을 싫어한다. 도의 본질은 영원히 변하지 않는 것이지만, 현
실의 세상은 이처럼 모든 것이 상대적인 가치로 이루어져 있다. 그로
인해 서로 싸움이 일어나고 결국은 추한 결말로 끝나게 된다.

마찬가지로 세상 사람들은 선한 것을 선하다고 생각하기 때문에

역주 ─────────────

無爲무위 : 천지의 근원인 자연의 이치에 따르는 것
不言之敎불언지교 : 말없는 가르침. 도는 말로는 도저히 표현할 수 없는 것이다
弗居불거 : 머물지 않다
不去불거 : 사라지지 않는다

선하지 않은 것이 생겨나게 된다. 그로 인해 모두 다 선한 것만을 좋아하고 선하지 않은 것을 멀리한다. 그래서 거짓이 생겨나고 결국은 모든 것이 선하지 않게 되어 버린다. 이와 마찬가지 이치로 있음과 없음이 생겨나고, 어려움과 쉬움이 이루어지고, 길고 짧음이 나타나고, 높고 낮음이 대비되고 악기와 사람의 소리가 조화를 이루고 앞과 뒤라는 순서가 생겨나는 것이다. 이 모든 상대적인 생각들은 상대적인 관계에서 비롯되는 것이다. 상대적인 관계로 바라보면 세상 사람들은 좋거나 아름다운 것만을 찾고 나쁘거나 해로운 것은 피한다. 그로 인해 세상이 혼란에 빠지는 것이다.

오로지 도를 이해한 성인聖人만이 이처럼 인위적으로 만들어진 상대성을 버리고 자연을 따르며 무위의 태도로 일을 하면서 말없는 가르침을 줄 수 있다. 만물이 저절로 자라나도록 내버려두고 더 이상 관여하지 않으며 기르고도 소유하지 않으며 공을 이루고도 마음에 두지 않는다. 자신이 이루어낸 공에 마음을 두지 않기 때문에 오히려 그 공은 영원히 사라지지 않게 되는 것이다.

노자가 말하는 성인은 만물의 근원을 꿰뚫어보고 그것에 따라 물이 흐르듯 자유롭게 살아가는 사람을 말한다.

세상을 이롭게 하는 지도자라면 음덕陰德을 쌓고 명리를 추구하지 않으며 자신의 공적을 감추며 이끌어야 한다. 또한 대립이 아닌 통합을 지향하는 사유를 통해 사물의 좋은 면과 나쁜 면의 연결고리를 찾고 그 조화를 추구하도록 해야 한다.

3

백성들의 마음을 비우게 하고

현명함을 받들지 않으면 백성들은 다투지 않게 된다.
얻기 힘든 재물을 귀하게 여기지 않는다면 백성들은
훔치지 않게 된다.
욕심부릴 것을 보여주지 않는다면 백성들의 마음은
흔들리지 않게 된다.
그러므로 성인의 다스림은 백성들이 마음을 비우게 하고,
배는 부르게 만들며, 사사로운 생각은 약화시키고,
신체는 강건하게 하여
언제나 아는 것도 없고 욕심도 없도록 한다.
비록 아는 것이 있는 자라 할지라도
감히 재주를 부리지 못하게 한다.
무위의 다스림으로 다스려지지 않는 것은 없다.

不尙賢 使民不爭 不貴難得之貨 使民不爲盜
불상현 사민부쟁 불귀난득지화 사민불위도

不見可欲 使民心不亂
불견가욕 사민심불란

是以聖人之治 虛其心 實其腹 弱其志 强其骨
시이성인지치 허기심 실기복 약기지 강기골

常使民無知無欲 使夫智者不敢爲也 爲無爲 則無不治
상사민무지무욕 사부지자불감위야 위무위 즉무불치

위정자가 지식과 그것에 따른 지위를 중히 여기면 백성들은 그 자리를 먼저 차지하기 위해 서로 경쟁하며 다투게 된다. 또한 금은보화를 중히 여기면 백성들은 그것을 갖고 싶어 마음이 흔들리게 된다. 그러므로 성인은 나라를 다스릴 때 백성들이 세속적인 욕망에 휩싸이지 않고 마음을 비우도록 이끌어야 한다. 다만 언제나 건강하게 살수 있도록 배려하면서 명예와 재물에 대한 욕심은 부리지 않도록 다스려야 한다.

단지 생존만을 위한 이기적이며 얕은 지식은 백성들의 삶을 피폐

역주

賢현 : 유교에서 말하는 덕이 아닌 얕은 지식을 뜻한다
虛其心허기심 : 마음을 비워 고요한 상태에 머물게 하는 것
弱其志약기지 : 욕심을 부리지 못하도록 만드는 것
無知無欲무지무욕 : 지식과 재물에 얽매이지 않는 것

하게 만들 뿐이다. 그러한 지식을 이용해 억지로 무언가를 이루려는 시도 자체를 억누르고 오직 자연의 법칙에 따른 삶을 누리도록 한다면 모두가 행복한 공동체를 이룰 수 있다.

4

텅 비어 있지만 채워지지 않는다

도는 텅 비어 있지만 아무리 사용해도 다 채워지지 않는다.
깊고도 깊어 만물의 근원과 같다.
날카롭고 뾰족한 것을 누그러뜨리고
엉킨 것을 풀어주고
눈을 부시게 만드는 빛을 부드럽게 하며
세상의 티끌과도 함께하며
맑고 맑으니 혹 무언가 있는 것 같기도 하다.
그것이 누구의 아들인지는 모르겠지만
상제보다 먼저라는 것은 알 것 같다.

道沖 而用之或不盈
도충 이용지혹불영

淵兮 似萬物之宗
연혜 사만물지종

挫其銳 解其紛 和其光 同其塵 湛兮 似或存
좌기예 해기분 화기광 동기진 담혜 사혹존

吾不知誰之子 象帝之先
오부지수지자 상제지선

　도는 빈 그릇처럼 언제나 텅 비어 있는 것처럼 보이지만 그 안에
아무리 많은 것을 집어넣는다 해도 채워지거나 넘치는 법이 없다. 도
는 언제나 존재하지만 보거나 듣거나 만질 수는 없는 것이기 때문에
항상 비어 있다. 이처럼 도는 심연처럼 깊고 깊어서 마치 온갖 것의
근원과 같다. 날카롭고 뾰족한 것을 무디게 해주고, 서로 얽힌 것들
을 풀어주며, 너무 밝아 마주볼 수 없는 빛을 부드럽게 해준다. 또한
이 세상의 미미한 티끌도 모두 품어 안아 하나가 된다. 이처럼 도는
맑고도 맑아 분명히 이 세상에 존재하는 것처럼 보이기도 한다.

역주

沖충 : 텅 비다
淵연 : 깊고 아득함
塵진 : 세속적인 것, 티끌

或不盈혹불영 : 가득 차 있지 않은 것처럼 보인다
宗종 : 만물의 근본, 근원
帝제 : 하늘, 또는 천제

21

도가 어디에서 생겨난 것인지 알 수는 없지만 이 세상을 만들고 다스린다는 상제上帝보다 먼저 있었다는 것만은 분명하다.

중국에서는 이 세상을 다스리는 상제를 천제天帝라고도 하는데 이러한 인격신은 최고신이며 도道의 수호신이며 절대적인 능력을 가지고 있다고 믿는다.

세상을 이끌어가는 사람은 '도'의 화신이 되어야 한다. 진심전력으로 도를 실천하는 지도자라면 공적도 볼 수 없고 과오도 볼 수 없지만, 사람들은 자연스럽게 그를 필요로 하게 되어 기꺼이 따른다. 만물을 포용하는 그는 늘 선량하고 자애롭고 평안하다. 그에게서 비롯된 에너지는 언제나 사람들을 향상하고 싶도록 분발시켜 마치 모든 생명력의 발원지와 같은 역할을 한다.

5

움직일수록 더 많은 것이 나온다

천지는 사사로운 정이 없어 만물을 짚으로 만든 개로 대하고
성인은 사사로운 정이 없어 백성을 짚으로 만든 개로 대한다.
하늘과 땅 사이는 풀무와 같은 것이 아닐까?
그 사이는 비어 있지만 무궁무진하고
움직일수록 더욱 많은 것이 나온다.
그러나 말이 많으면 반드시 막히게 되니
마음속에 담아두는 것보다 못하다.

天地不仁 以萬物爲芻狗 聖人不仁 以百姓爲芻狗
천지불인 이만물위추구 성인불인 이백성위추구

天地之間 其猶橐籥乎
천지지간 기유탁약호

虛而不屈 動而愈出
허이불굴 동이유출

多言數窮 不如守中
다언수궁 불여수중

하늘과 땅은 편애하는 마음이 없으므로 이 세상의 모든 것을 제사
상에 올려 한번 쓰고 버리는 풀 강아지처럼 대한다. 도를 깨우친 진
정한 성인 역시 그러하다. 세상의 만물은 모두 자연의 법칙에 따라
생성 소멸하는 것이어서, 자연이 특별히 간섭하지 않는다. 한 나라의
백성들도 마찬가지여서 제왕이 특별히 간섭을 하지 않고 그대로 놓
아두면 자연의 이치에 따라 자기 뜻대로 잘 살아갈 것이다. 그러므로
사실 최상의 정치는 백성들의 생활에 간섭하지 않는 것이다.

하늘과 땅 사이는 마치 대장간에서 바람 일으킬 때 쓰는 풀무와

역주

芻狗추구: 중국에서 제사에 쓰던 풀 강아지. 제사 후에는 버리므로 하찮은 것을 의미
橐籥탁약: 풀무(대장간에서 바람을 일으킬 때 쓰는 기구)
愈出유출 : 하면 할수록 더욱 많이 나온다
數窮수궁 : 자주 막히다   中중: 마음 속

같은 것이 아닐까? 비록 그 사이는 비어 있는 듯이 보이지만 움직이면 움직일수록 더욱더 큰 바람이 일어나 무궁무진한 힘을 만들어내게 된다. 이러한 자연의 이치와는 달리 인간의 말은 많이 하면 할수록 통하지 않게 되는 법이니 차라리 침묵으로 자신의 진심을 지키고 있는 것이 더 낫다.

옛날 중국에서는 제사를 지낼 때 마른 풀잎으로 개를 만들어 제사상에 올렸다. 제사를 다 지낸 다음에는 아까워하지 않고 버리는데 대자연도 마찬가지여서 모든 만물에 대해 필요할 때는 소중하게 쓰지만 필요가 없을 때는 매정하게 버린다.

사랑하는 마음도 사실은 사사로운 감정에서 비롯된 것으로 일종의 위선이다. 자연의 관점에서 보자면 생명 자체는 인자하거나 선량한 것을 필요로 하지 않는다. 다만 천지 자연의 도를 따를 뿐인 것이다. 그러므로 마음 속에 사욕이 자리잡고 있지 않다면 창의력은 끊이지 않는다. 지도자는 무엇을 주장하고 추구할 것인가에 매달리기보다 우선 수양하고 수련하여 본 마음을 지키는 경계에 도달하는 것이 중요하다.

6

아무리 써도 다함이 없다

골짜기의 신谷神은 죽지 않으니
이를 신령스러운 암컷玄牝이라고 한다.
신비스러운 암컷의 문이 바로 하늘과 땅의 근원이다.
끊어질 듯 하면서 이어지고 아무리 써도 다함이 없다.

谷神不死 是謂玄牝
곡 신 불 사　시 위 현 빈

玄牝之門 是謂天地根
현 빈 지 문　시 위 천 지 근

綿綿若存 用之不勤
면 면 약 존　용 지 불 근

　골짜기의 여신은 결코 죽는 법이 없으니 영원불변하다. 사람들은
이것을 신령스러운 암컷이라고 하는데 이 암컷의 문이야말로 하늘
과 땅의 근원이 되는 것이다. 그 원인은 아주 깊고 아득하여 끊어지
는 것 같으면서도 계속 이어지고, 있는 듯하면서도 없다. 아무리 써
도 계속 나오고 끝이 없을 정도이다.
　노자는 도를 골짜기의 여신으로 신격화했다. 여신은 오랜 옛날부
터 풍년을 상징한다. 노자는 도가 우리를 낳고 기르고 먹여주고 감싸
주고 하는 어머니와 같다고 하여 어머니의 힘을 매우 중요하게 생각
하고 있다.

역주

谷神곡신 : 자연의 도를 비유한 것
玄牝현빈 : 말로 나타낼 수 없이 오묘한 암컷. 신비한 모성을 의미한다
綿綿면면 : 끊이지 않고 이어지는 것
不勤불근 : 아무런 힘도 들이지 않고 자연적으로 이어진다

7

스스로 살려고 하지 않는다

하늘과 땅은 오래도록 지속된다.
하늘과 땅이 오래도록 지속될 수 있는 것은
자기 스스로 살려고 하지 않기 때문이며
그래서 영원히 살 수 있는 것이다.
이 때문에 성인은 자신이 뒤로 물러나도 결국은 앞서게 되고
자신을 돌보지 않지만 결국은 잘 보존하게 된다.
그것은 사사로운 마음이 없기 때문이 아닌가?
그러므로 능히 자기 자신을 완성할 수 있는 것이다.

天長地久 天地所以能長且久者 以其不自生 故能長生
천 장 지 구　천 지 소 이 능 장 차 구 자　이 기 부 자 생　고 능 장 생

是以聖人 後其身而身先 外其身而身存
시 이 성 인　후 기 신 이 신 선　외 기 신 이 신 존

非以其無私邪 故能成其私
비 이 기 무 사 사　고 능 성 기 사

하늘과 땅이 영원히 지속되는 것은 만물을 낳고도 간섭하거나 소유하지 않기 때문이다. 도를 깨우친 성인이 영원한 삶을 살 수 있는 것은 자기 자신을 위해 살려고 하지 않기 때문이다. 그래서 성인은 남을 먼저 앞세우고 자기는 언제나 뒤에 머문다. 그런데도 결국 남보다 앞서 있게 된다. 자신의 이익을 찾지 않고 남의 이익을 찾아 주지만 결국 참된 삶을 살고 있기 때문이다. 그것은 하늘과 땅처럼 성인 또한 사사로운 욕심이 없기 때문이 아니겠는가? 그렇게 해야 참된 자아를 완성할 수 있는 것이다.

　　노자는 남을 앞세우고 스스로 뒤로 물러서는 사람은 천하가 존경하게 되며, 그를 앞세워 어른으로 모시게 된다고 가르치고 있다.

역주

天長地久천장지구 : 하늘은 영원하고 땅은 언제까지나 다함이 없다

自生자생 : 남과 다투어 스스로 살려고 하다

後其身후기신 : 항상 사양하며 자신의 이익을 뒤로 돌리다

外其身외기신 : 사욕에 치우치지 않고 자신의 이익을 버리는 것　　　私사 : 사리사욕

8

낮은 땅에 머물기를 좋아한다

가장 훌륭한 선善은 물과 같다.

물은 만물을 이롭게 하면서도 다투지 않으며

모든 사람들이 싫어하는 곳에 머물기 때문에 도道에 가깝다.

낮은 땅에 머물기를 좋아하고

마음이 깊은 것을 좋아하고

어진 마음으로 사귀기를 좋아하고

진실한 말을 좋아하고

정의로운 정치를 좋아하고

효과 있게 일을 처리하고

때에 맞게 움직이는 것을 좋아한다.

오로지 싸우지 않기 때문에 허물이 없다.

上善若水 水善利萬物而不爭 處衆人之所惡 故幾於道
상선약수 수선리만물이부쟁 처중인지소오 고기어도

居善地 心善淵 與善仁 言善信 正善治 事善能 動善時
거선지 심선연 여선인 언선신 정선치 사선능 동선시

夫唯不爭 故無尤
부유부쟁 고무우

　노자는 서로 다투지 않는 것을 가장 훌륭한 선上善이라고 생각했
는데, 물이 그러한 선의 모습을 잘 갖추고 있다고 설명했다. 물은 이
세상의 모든 만물에게 생명을 주고 살아갈 힘을 주지만 서로 다투는
법은 없다. 또한 모든 사람들이 가장 싫어하는 낮고 더러운 곳을 향
해 흐르고 있기 때문에 도와 가장 가까운 모습을 지니고 있다. 낮고
더러운 곳은 모든 사람들이 싫어하는 곳이므로 그곳을 차지하기 위
해 다툴 이유가 없기 때문이다.
　도를 깨우친 성인도 물과 같아서 가장 낮고 비천한 곳에 머물기를
좋아하고, 깊은 연못처럼 마음 쓰는 것을 좋아하며, 사람과 사귈 때

역주

上善상선 : 악에 대한 상대적인 선이 아니라 무위자연의 경지에서 나타나는 선
衆人중인 : 세상 사람들
所惡소오 : 머물기 싫어하는 곳, 낮은 곳
正정 : 다스림
故無尤고무우 : 그러므로 잘못이 없다

31

에는 공평하고 조건 없이 베풀고, 말은 언제나 진실을 담고 있으며, 백성을 다스릴 때는 바르고 올바른 것만을 추구한다. 일을 할 때에는 헛됨이 없이 반드시 결과를 내며, 움직일 때도 마찬가지로 좋은 시기를 잡아서 하되 억지로 하지 않는다. 억지로 하거나 남과 서로 다투지 않기 때문에 허물이 없으며 남한테 원망을 사지 않게 된다.

노자는 이 장에서 모든 사람들이 물과 같이 살아가는 자세가 중요하다고 강조한다.

지도자의 태도는 물과 같아야 한다. 품고 있는 이상은 바다처럼 넓고 깊어야 하지만 그곳을 향해 나아가기 위해서는 거칠고 구부러진 길들을 기꺼이 헤쳐나가야 한다. 바다로 나아가는 과정에서 마주치는 살아있는 모든 것들에 생기를 제공하고 더러운 것은 씻어내야 하는 것이다. 그렇게 해서 공동체의 구성원들이 어려운 환경에 적응하고 변화하고 발전하도록 이끌어야 한다.

9

채우려 하지 않는다

이미 가득 채워져 있는데 더 채우려 드는 것은
그만두는 것만 못하며
갈아서 더욱 더 날카로워지면 오랫동안 보존할 수 없다.
금과 옥이 집안에 가득 있어도 제대로 지킬 수 없으며
부귀하여 교만해지면 스스로 허물을 남기게 된다.
공을 세우고 나면 스스로 물러서는 것, 그것이 하늘의 도이다.

持而盈之 不如其已
지 이 영 지　불 여 기 이

揣而銳之 不可長保
췌 이 예 지　불 가 장 보

金玉滿堂 莫之能守
금 옥 만 당　막 지 능 수

富貴而驕 自遺其咎
부 귀 이 교　자 유 기 구

功遂身退 天之道
공 수 신 퇴　천 지 도

　그릇에 이미 물이 가득 차 있는데도 불구하고 더욱 더 많이 채우기 위해 욕심을 부리는 것처럼 어리석은 짓은 없다. 또한 이미 날이 날카롭게 서 있는 무기를 더욱 더 날카롭게 다듬는다면 결국 그 무기는 부서지기 쉬워 오래 쓰지 못하게 된다. 사람 역시 마찬가지여서 남에 대해 너무 날카롭게 대하지 말고 너그럽게 처신해야 한다. 집안이 금과 옥으로 가득 차고 재물이 넘쳐흘러도 결국은 다 지킬 수 없

역주

盈영 : 가득 채우다
不如其已불여기이 : 애초부터 가득 채우지 않는 것이 더 낫다
揣而銳之췌이예지 : 더욱 날카롭게 다듬다
遺其咎유기구 : 咎는 허물. 허물을 남기다, 즉 화를 당하게 된다

34

다. 그것을 노리는 도적들이 더 많아질 것이기 때문이다. 부귀해진 것을 자랑하기 위해 교만하게 굴면 결국 스스로 재앙을 불러들이게 된다. 그러므로 일단 공을 이루고 나면 만족함을 알고 제때에 물러나는 것이 하늘의 법칙이다.

이처럼 과욕을 경계하고 겸손하게 사는 것은 지도자의 기본적인 태도이다.

사람은 물질 재료인 육체로 구성되어 있으며, 이러한 물질의 기본적인 속성은 자아소모와 자아소멸이다. 육체와 정신 그리고 감정을 갖춘 자아로서 사람은 줄곧 자신의 이익만을 생각하고 상대방을 배려하지 않으려는 경향이 있어 타인을 곤혹스럽게 하고 더 나아가 스스로를 고통스럽게 만든다. 그러므로 지도자는 이러한 물질적 속성과 속박에서 벗어나 세속의 명리에 이끌리지 않도록 스스로를 단련시키는 것이 무엇보다 중요하다.

10

만물을 낳고 기르지만 소유하지 않는다

혼백을 하나로 품어 서로 떨어지지 않게 할 수 있는가?
기를 하나로 모아 갓난아이처럼 부드럽게 할 수 있는가?
마음을 깨끗이 닦아 흠이 없도록 할 수 있는가?
백성을 사랑하고 나라를 다스리는 일을 모르게 행할 수 있는가?
하늘의 문을 열고 닫기를 암컷처럼 할 수 있을까?
밝은 깨달음이 사방으로 뻗어나가는 무위에 이를 수 있는가?
만물을 낳고 기르지만 소유하지 않으며
행하고도 자랑하지 않으며 키우고도 지배하지 않는데
이것을 가리켜 현덕이라 한다.

載營魄抱一 能無離乎

재 영 백 포 일 능 무 리 호

專氣致柔 能嬰兒乎

전 기 치 유 능 영 아 호

滌除玄覽 能無疵乎

척 제 현 람 능 무 자 호

愛民治國 能無知乎

애 민 치 국 능 무 지 호

天門開闔 能無雌乎

천 문 개 합 능 무 자 호

明白四達 能無爲乎

명 백 사 달 능 무 위 호

生之畜之 生而不有

생 지 축 지 생 이 불 유

爲而不恃 長而不宰 是謂玄德

위 이 불 시 장 이 부 재 시 위 현 덕

역주 ────────────────────────────────

營魄영백 : 쉴새없이 활동하는 인간의 지각 작용

滌除척제 : 오염된 것을 씻어내다   玄覽현람 : 깊게 살펴보다

天門開闔천문개합 : 하늘의 문이 열리고 닫히는 것

不恃불시 : 자신의 공을 자랑하거나 내세우지 않는다

玄德현덕 : 불가사의하고 오묘한 덕

끊임없이 흔들리는 인간의 생각을 자연의 법칙에 따라 하나로 모았을 때 비로소 몸과 마음이 서로 조화를 이룰 수 있다. 기가 흩어진 사람의 몸은 뻣뻣해져 죽음에 이르게 된다. 하지만 기를 흐트러뜨리지 않고 하나로 모으게 되면 도의 품성인 부드러움을 이루어 갓난아기처럼 순수한 상태에 도달할 수 있다. 이런 경지에 올라 마음의 눈으로 자신을 뒤돌아본다면 아무 잘못도 발견할 수 없게 되는 것이다.

암컷의 몸을 통해 생명이 태어나듯, 하늘의 문門인 자연을 통해 세상 만물이 생겨난다. 우리들의 눈, 코, 입, 귀와 같은 모든 감각기관을 암컷처럼 부드럽게 움직여 자연스럽게 세상을 변화시켜야 한다. 이와 같은 밝은 깨달음으로 명상을 하게 되면 무지의 앎과 같은 참된 앎을 알 수 있다.

이처럼 참된 도를 갖추어 나라를 다스리고 사람을 섬기는 사람은 어머니처럼 만물을 낳고 기를 수 있다. 또한 그것들을 가지려 하지 않고 자랑하지 않고 지배하지 않는다. 이렇게 해서 얻어지는 것을 현덕, 즉 신비롭고 그윽한 힘이라고 한다.

노자는 혼돈과 순박한 경지를 비유하는데 있어 '도'를 상징하는 단어로 갓난아이를 자주 사용한다. 지도자가 되기 위한 수련의 목적은 나와 우리 전체가 함께 하는 것에 있다. 우리 모두가 함께 근본을 존중하는 상태에 이르러야 자존이 있게 되고 자존이 있어야만 지속적인 발전을 이룰 수 있다. 이처럼 몸과 마음, 생명 자체의 사명이 함께 할 때 수련의 목적에 도달할 수 있는 것이다.

11

비어 있어야 쓸모가 있다

서른 개의 바퀴살이 하나의 바퀴통에 모여 있는데
그 속이 비어 있어야만 수레로써 쓸모가 있다.
찰흙을 빚어 그릇을 만드는데
그 속이 비어 있어야만 그릇으로 쓸모가 있다.
문과 창을 뚫어 방을 만드는데
그 방안이 비어 있어야 쓸모가 있다.
그러므로 있음이 이롭게 되는 데에는
없음의 쓰임새가 있기 때문인 것이다.

三十輻共一轂 當其無 有車之用
삼 십 폭 공 일 곡　당 기 무　유 차 지 용

埏埴以爲器 當其無 有器之用
연 식 이 위 기　당 기 무　유 기 지 용

鑿戶牖以爲室 當其無 有室之用
착 호 유 이 위 실　당 기 무　유 실 지 용

故有之以爲利 無之以爲用
고 유 지 이 위 리　무 지 이 위 용

　수레 바퀴축이 들어 있는 바퀴통에는 서른 개의 바퀴살이 맞물려 있어야 수레는 기능을 발휘할 수 있다. 물론 수레에는 여러 가지 다른 부분도 있지만 수레가 움직이려면 반드시 바퀴살을 맞춰 넣을 바퀴통의 빈 공간이 있어야 가능한 것이다. 찰흙을 이겨 찻잔이나 그릇을 만드는데 그것을 사용하기 위해서는 반드시 그 안이 비어 있어야 그곳에 찻물을 따를 수 있고 먹을 것도 담을 수 있다. 집도 마찬가지다. 방을 만들 때 창문과 문을 내는데 반드시 그 안은 텅 비어 있게 해야 한다. 그래야 가구도 넣을 수 있고 사람들이 들어가 잠도 자고

역주

輻폭 : 차륜의 바퀴살
轂곡: 수레의 바퀴통
埏埴연식 : 진흙을 반죽하는 것
戶牖호유 : 출입문과 벽의 창문

쉴 수 있다. 이처럼 수레, 그릇, 방과 같이 눈에 보이는 형태의 있음은 눈에 보이지 않는 텅 비어 있는 부분, 즉 없음이 있어야 비로소 쓸모 있게 되어 이로움을 주는 것이다.

노자는 없음無과 비어 있음虛을 매우 중요하게 생각한다. 많은 철학자들은 없음과 비어 있음에 대해 제대로 이야기하는 경우가 드물지만 노자는 시종일관 없음과 비어 있음의 유용함을 강조하고 있다.

오늘날, 노자의 이런 사상은 예술에 많은 영향을 끼쳐 동양화에서는 여백의 아름다움을 가장 훌륭한 것으로 여기게 되었다. 중국 진시황릉에서는 서른 개의 바퀴살이 있는 바퀴가 발견되었는데 이것을 보면 노자가 실제의 사실을 들어 비유하고 있다는 것을 알 수 있다.

12

배를 채울 뿐 눈요기는 하지 않는다

오색의 화려한 색깔은 사람의 눈을 멀게 하고
오음의 아름다운 소리는 사람의 귀를 멀게 하며
오미의 뛰어난 맛은 사람의 입맛을 버리게 하고
말을 달려 사냥을 하는 것은 사람의 마음을 광분하게 만들며
얻기 어려운 재물은 사람의 행실을 그르치게 만든다.
그러므로 성인은 배를 채울 뿐 눈요기를 하지 않는다.
그리하여 저것을 버리고 이것을 취하는 것이다.

五色 令人目盲 五音 令人耳聾 五味 令人口爽
오색 영인목맹 오음 영인이롱 오미 영인구상

馳騁田獵 令人心發狂 難得之貨 令人行妨
치빙전렵 영인심발광 난득지화 영인행방

是以聖人爲腹不爲目
시이성인위복불위목

故去彼取此
고거피취차

화려한 색깔을 지나치게 좋아하면 결국 시각이 둔해져 중요한 것을 보려 해도 볼 수가 없게 된다. 귀를 즐겁게 하는 소리를 지나치게 즐기면 결국에는 청각이 둔해져 들으려 해도 들리지 않는다. 입에 맞는 맛있는 것만 먹으려고 하면 결국에는 미각이 퇴화되어 무엇을 먹어도 그 맛을 모르게 된다.

또한 말을 달려 짐승들을 뒤쫓는 사냥놀이를 즐기면 결국 마음이

역주

五色오색 : 靑, 黃, 赤, 黑, 白
五音오음 : 宮, 商, 角, 緻, 羽의 다섯 음계. 오음계가 어우러진 음악
五味오미 : 다섯 가지의 음식 맛
爽상 : 입맛을 둔화시키다
田獵전렵 : 사냥하다
不爲目불위목 : 눈을 위하지 않는다, 눈요기를 하지 않는다

거칠어져 들뜨게 된다. 이처럼 재물을 지나치게 좇아다니면 결국에는 행실이 비뚤어져 자기의 몸과 마음을 망치게 된다. 그러므로 성인은 평소에 배[腹]만 채우는 정도의 식사와 같은 소박한 생활을 할 뿐이지 눈요기와 같은 번잡한 즐거움은 구하지 않는다. 소박함을 취할지언정 사치와 호화스러운 생활을 취하지 않는 것이다.

이 장에서 노자는 사치와 향락에 빠지지 말고 자기 수양을 스스로 통제하여 소박하고 검소하게 살아갈 것을 가르치고 있다. 지도자의 사명은 모든 구성원들을 지속적으로 즐겁게 살며 행복하고 가치있는 삶을 누릴 수 있도록 이끄는 것이다. 그러나 일시적인 쾌락을 위해 오관을 자극하게 되면 궁극적인 가치를 실현하지 못하게 된다. 지도자는 일시적인 쾌락과 물질적인 욕심으로 인해 곤경에 빠지게 되는 것을 경계해야 한다.

13

몸이 있으니 근심걱정이 있다

총애나 굴욕 모두 조심스럽게 받아들여야 하며
커다란 근심은 자기 몸처럼 돌보아야 한다.
총애나 굴욕 모두 조심스럽게 받아들인다는 것은 무엇일까?
총애는 하찮은 것이니
받을 때도 조심하고, 잃을 때도 조심해야 한다는 것이다.
총애나 굴욕 모두 조심스럽게 받아들여야 한다는 것은
바로 이런 뜻이다.
그렇다면 커다란 근심은 왜 자기 몸 돌보듯 해야 하는 것일까?
내게 크나큰 근심거리가 있는 것은 몸이 있기 때문이다.
만약 내게 몸이 없다면 어찌 근심이 있을 수 있겠는가?
그러므로 자기 몸을 아끼듯 천하를 아끼는 사람이라면
그에게는 천하를 부탁해도 좋을 것이다.
자기 몸을 사랑하듯 천하를 사랑한다면
그런 사람에게는 천하를 맡겨도 괜찮을 것이다.

寵辱若驚 貴大患若身

총 욕 약 경　귀 대 환 약 신

何謂寵辱若驚 寵爲下 得之若驚 失之若驚 是謂寵辱若驚

하 위 총 욕 약 경　총 위 하　득 지 약 경　실 지 약 경　시 위 총 욕 약 경

何謂貴大患若身

하 위 귀 대 환 약 신

吾所以有大患者 爲吾有身 及吾無身 吾有何患

오 소 이 유 대 환 자　위 오 유 신　급 오 무 신　오 유 하 환

故貴以身爲天下 若可寄天下 愛以身爲天下 若可託天下

고 귀 이 신 위 천 하　약 가 기 천 하　애 이 신 위 천 하　약 가 탁 천 하

　세상 사람들은 총애를 받을 때와 굴욕을 당할 때 전혀 다른 태도
를 보인다. 사람들은 총애는 높은 것이고 굴욕은 낮은 것이라 생각하
여, 총애는 존중하고 굴욕은 천시한다. 하지만 덕을 갖춘 사람은 총
애나 굴욕을 모두 동일하게 받아들인다. 자신에게 주어진 총애가 언
제든 모욕의 근원이 될 수 있음을 알기 때문이다.
　왜 크나큰 근심거리를 갖게 되면 두려워하여 몸이 놀라는 것일까?

寵辱총욕 : 총애와 굴욕　　　　　　　　若驚약경 : 깜짝 놀라 조심스러워 하는

貴大患귀대환 : 커다란 우환을 두려워하는 것　　寄기 : 맡기다

以身爲天下이신위천하 : 천하와 일체가 되어 다스리는 것

46

그것은 나에게 몸이 있기 때문이다. 내게 몸이 없다면 아무런 근심거리도 없게 된다. 그러므로 자기 몸을 아끼듯 천하를 아끼는 사람이라면 그는 분명 천하를 다스릴 수 있는 사람이다. 또 자기 몸을 사랑하듯 천하를 사랑한다면 그 사람은 분명 천하를 맡아도 될 사람이다. 노자는 생명의 원천인 자기 몸을 소중하게 여기고 잘 가꾸는 사람이야말로 천하도 소중하게 여기고 잘 가꿀 수 있다고 했다.

지도자는 생명을 가장 중요하게 생각해야만 한다. 생명은 우주를 구성하는 가장 필수적인 요소이며 생명을 귀하게 여겨 보호하는 것이 인류의 가장 중요한 과업이다. 인간세상의 그 어떤 명리도 생명 앞에서는 보잘 것 없는 것일 뿐이다. 진정으로 생명을 사랑하는 사람이야말로 그 사회의 근원적인 역동성을 지킬 수 있으므로 민중을 위한 진정한 지도자가 될 수 있다.

14

보이지도 들리지도 잡히지도 않는다

보려 해도 보이지 않는 것을 이夷라 하고

들으려 해도 들리지 않는 것을 희希라 하며,

잡으려 해도 잡히지 않는 것을 미微라 하는데,

이 세 가지는 끝까지 밝혀낼 수 없으므로 통틀어 하나라고 부른다.

이것은 윗부분이 더 밝거나 아랫부분이 더 어둡지도 않다.

끊임없이 길게 이어져 있어 무엇이라 이름 붙일 수도 없으니

결국 아무것도 없는 '없음'의 세계로 되돌아간다.

그러므로 형상이 없는 상狀이자 물체가 없는 상象이라 할

이것을 일러 황홀恍惚이라 할 수 있다.

앞에서 보아도 그 머리를 볼 수 없고,

뒤에서 보아도 그 꼬리를 보지 못한다.

아주 옛날의 도道로 지금 있는 것들을 다스린다면

능히 그 근원을 알 수 있는데 이것을 도의 본질이라고 한다.

視之不見 名曰夷 聽之不聞 名曰希 搏之不得 名曰微
시지불견 명왈이 청지불문 명왈희 박지부득 명왈미

此三者 不可致詰 故混而爲一
차삼자 불가치힐 고혼이위일

其上不曒 其下不昧 繩繩不可名 復歸於無物
기상불교 기하불매 승승불가명 복귀어무물

是謂無狀之狀 無物之象 是謂惚恍
시위무상지상 무물지상 시위홀황

迎之不見其首 隨之不見其後
영지불견기수 수지불견기후

執古之道 以御今之有 能知古始 是謂道紀
집고지도 이어금지유 능지고시 시위도기

　　도道는 인간의 감각을 통해 보거나 듣거나 잡을 수 없는 것이다.
또한 말로 표현할 수도 없기 때문에 통틀어 하나[一]라고 부른다. 이
하나는 밝거나 어둡지도 않으며, 끊임없이 길게 이어져 있어 특정한
이름을 붙일 수도 없으니 결국 아무것도 없는 없음[無]의 세계로 되

역주

致詰치힐: 끝까지 밝히다   曒교: 밝음

昧매: 어두움   繩繩승승: 끝없이 길게 이어져 있음

惚恍홀황: 황홀. 있는 듯, 없는 듯한 상태   御어: 다스리다

돌아가게 된다.

도는 있는 듯 하지만 없고, 없는 듯 하지만 있는 것이다. 그러므로 보거나 듣거나 잡는 개별적인 행위로는 도를 파악할 수 없으니 모두 다 통틀어 하나로 이해해야 하는 것이다.

이것은 모양도 없고 물질적인 형태도 없어서 황홀이라 부를 수 있다. 황홀은 있는가 하면 없는 것이고, 없는가 하면 있는 것을 말한다. 무한히 연결되어 있기 때문에 앞에서 보아도 그 머리를 볼 수 없고 뒤에서 보아도 그 꼬리를 볼 수 없는 것이다.

이러한 아주 먼 옛날의 '도'를 잘 파악하여 현재의 일들에 적용시킨다면 훌륭하게 다스릴 수 있게 된다. 태초에 모든 것들이 어떻게 시작되었는지 알 수 있기 때문이다. 이것이 바로 도의 본질이며, 이러한 도의 본질에 맞춰 자신의 몸가짐을 가다듬어야 한다.

도는 언제나 우주만물의 생성과 인류사회의 발전에 작용한다. 자신의 마음가짐을 바르게 다스려 세상을 이롭게 하는 것 역시 이러한 도의 작용에 따르는 일이다. 뛰어난 지도자를 만들어내는 일은 어느 한 부문, 어느 한 직업, 어느 한 영역이 아닌 전체 공동체의 운명을 결정짓는 가장 중요한 관심사이다. 그러므로 지도자는 자연스럽게 무위자연이라는 도의 본질에 따라 전체 공동체의 보호 및 육성을 자신의 의무로 생각하는 사람이어야 한다.

15

굳이 새로운 것을 이루려 하지 않는다

옛날의 도를 따르는 사람은 미묘하고 통달하여

그 깊이를 알 수 없다.

알 수는 없다 해도 억지로 그것을 표현해보고자 한다.

그 신중한 모습은 마치 겨울에 얼어붙은 강을 건너가는 것과 같고

삼가는 모습은 마치 사방의 이웃을 두려워하는 듯하며

엄숙한 모습은 마치 손님과 같다.

온화한 모습은 마치 얼음이 녹는 것과 같고

소박한 것이 마치 다듬지 않은 원목과 같다.

겸허한 모습은 마치 계곡처럼 깊고

혼돈된 모습은 마치 혼탁한 물과 같다.

누가 이 혼탁함을 깨끗이 씻어 점차 맑게 할 수 있을까?

이 도를 온전하게 간직한 사람은 가득 채우려 하지 않는다.

채우려 하지 않기 때문에 굳이 새로운 것을 이루려 하지 않는다.

古之善爲士者 微妙玄通 深不可識

고 지 선 위 사 자 미 묘 현 통 심 불 가 식

夫唯不可識 故强爲之容

부 유 불 가 식 고 강 위 지 용

豫兮若冬涉川 猶兮若畏四隣

예 혜 약 동 섭 천 유 혜 약 외 사 린

儼兮其若容 渙兮若氷之將釋

엄 혜 기 약 객 환 혜 약 빙 지 장 석

敦兮其若樸 曠兮其若谷 混兮其若濁

돈 혜 기 약 박 광 혜 기 약 곡 혼 혜 기 약 탁

孰能濁以靜之徐淸 孰能安以久動之徐生

숙 능 탁 이 정 지 서 청 숙 능 안 이 구 동 지 서 생

保此道者 不欲盈

보 차 도 자 불 욕 영

夫唯不盈 故能蔽不新成

부 유 불 영 고 능 폐 불 신 성

역주

玄通현통 : 만물의 원리와 이치에 통달

强爲之容강위지용 : 그 모습을 억지로 표현하자면

容용 : 형용해 보다, 그려보다

渙환 : 흩어지다, 풀리다

若樸약박 : 산에서 자른 통나무와 같다

도를 깨우친 사람은 너무도 미묘하며 우주의 근본을 통달하여 그 심오한 경지를 알아차릴 수 없다. 그러니 보통 사람들은 감히 그 경지를 짐작할 수도 없다. 오로지 밖으로 드러난 모습만을 볼 수 있을 뿐이다. 도를 깨친 사람은 보통 사람들의 눈에는 머뭇거리고 주춤거리고 어려워하는 것으로 보인다. 소박하고 매우 자연스럽지만 동시에 탁하게도 보인다. 보통 사람이 보기에는 좀 모자라고 어색해 보이는 것이다.

그런데 누가 세상의 혼탁함을 깨끗이 씻어 점차로 맑게 만들 수 있을까? 그런 경지에 있는 사람은 오직 도를 깨친 사람뿐이다. 누가 조용하고 안정된 것을 움직여 서서히 살아날 수 있도록 할 수 있을까? 그런 경지에 있는 사람은 무위자연을 터득한 사람뿐이다. 또한 무위자연의 도를 온전하게 간직한 사람은 자만심이 없기 때문에 새로운 것을 또 다시 이루려 하지 않는다.

훌륭한 지도자는 완전하거나 결함이 없는 일이거나 개인 명리를 추구하지 않는다. 그리고 뛰어나게 출중하지도 않고 특이하게 보이지도 않는다. 다만 소박하고 평범할 뿐이다. 그러나 관용과 엄격함에 도가 있어 강경함과 유연함을 동시에 갖추고 있다. 그로 인해 사람들이 두려워하지만 온화하고 자상하여 모든 것을 포용한다. 그래서 마치 분별이 없는 것처럼 보이기도 하지만 늘 넓고도 평탄하고 신중하다. 뿐만 아니라 투명하고 시원스럽게 대세를 잘 어우르기 때문에 끊임 없이 새로운 발전을 이끌어내게 된다.

16

너그러운 것이 공평한 것이다

비우기를 지극히 하고 고요함을 돈독히 지켜야 한다.
온갖 만물이 함께 성장하지만
나는 다만 되풀이 되는 것을 바라볼 뿐이다.
만물은 번성해서 자라고 각기 그 근원으로 되돌아가는 것이니
근원으로 되돌아 온 것을 고요함이라 하고
이를 일컬어 본성을 회복한 것이라고 말한다.
본성이 회복된 것을 일컬어 평상심이라 하고
평상심을 아는 것을 깨달음이라고 한다.
평상심을 모르면 망령되어 흉하게 되며
평상심을 알면 모든 것을 받아들여 너그럽게 되니
너그러운 것은 곧 공평한 것이다.
공평한 존재는 곧 천하의 왕이요 천하의 왕은 곧 하늘이다.
하늘이 바로 도이며 도는 영구한 것이니
몸은 다해도 아무런 위태로움이 없다.

致虛極 守靜篤 萬物竝作 吾以觀復

치 허 극 수 정 독 만 물 병 작 오 이 관 복

夫物芸芸 各復歸其根 歸根曰靜 是謂復命

부 물 운 운 각 복 귀 기 근 기 근 왈 정 시 위 복 명

復命曰常 知常曰明 不知常 妄作凶

복 명 왈 상 지 상 왈 명 부 지 상 망 작 흉

知常容 容乃公 公乃王 王乃天

지 상 용 용 내 공 공 내 왕 왕 내 천

天乃道 道乃久 沒身不殆

천 내 도 도 내 구 몰 신 불 태

　마음을 비운 무위의 상태에 머물며 욕심이 없는 고요한 태도를 갖추면 만물의 온갖 움직임이 다시 제자리로 돌아간다는 것을 알 수 있다. 만물은 저마다의 모습으로 태어나고 자라나지만 결국은 각각 자신의 본래 모습으로 돌아가게 되는 것이다.
　본래의 모습으로 돌아가 머무는 것을 무위의 고요함이라 말한다. 그 고요함은 본래의 참모습으로 돌아가는 것이다. 본래의 참모습으

역주

篤독 : 돈독히 하다.

復命복명 : 근본으로 돌아가다

不殆불태 : 위태로움이 없다

芸芸운운 : 분주하게 일하는 모습

妄作망작 : 도리에 맞지 않는 행위

로 돌아가는 것을 영구불변의 상도常道라 이르고 본래의 모습에 눈 뜨는 것을 지혜를 갖춰 밝아진 것이라 한다.

그러나 이러한 참모습을 깨닫지 못한다면 허튼 짓을 하게 되어 화를 입게 된다. 본래의 참모습을 깨닫게 되면 누구에게나 너그럽게 되고 너그럽게 되면 공평무사하게 된다. 그로 인해 임금의 덕을 갖추게 되고 임금의 덕을 갖추면 하늘의 도에 이르게 된다. 하늘처럼 넓고 커지면 무위의 도와 하나가 되어 영구불멸하게 되는 것이니 육신이 다할 때까지 편안하게 되는 것이다.

공동체의 근원은 구성원들이다. 한 국가의 지도자는 미래를 설계할 때 국가의 근원인 모든 백성들이 행복하게 사는 것이 최종의 목표가 되어야 한다. 언제나 공평무사의 덕을 갖추어 모두가 행복한 국가를 지향하는 것으로 변화의 중심이 되어야 한다.

17

내가 잘한 것이 아니다

가장 훌륭한 임금은 백성들이 그가 있다는 것만 알고
그 다음가는 임금은 백성들이 가까이 하면서 칭송하며
그 다음가는 임금은 백성들이 두려워하고
그 다음가는 임금은 백성들이 업신여긴다.
임금이 신의가 없으면 백성들이 그 임금을 불신한다.
임금은 조심스럽게 말을 아껴야 하며
공을 세우거나, 일이 잘 되어도,
백성들 스스로 이렇게 말하도록 해야 한다.
"내가 잘해서 이렇게 되었다."

太上 下知有之 其次 親而譽之 其次 畏之 其次 侮之

태상 하지유지 기차 친이예지 기차 외지 기차 모지

信不足焉 有不信焉

신부족언 유불신언

悠兮其貴言

유혜기귀언

功成事遂 百姓皆謂我自然

공성사수 백성개위아자연

가장 훌륭한 임금은 나라를 다스릴 때 무위無爲로 일을 처리하고 무언無言의 가르침을 펼쳐 백성들이 자기 처지에 맞게 생활할 수 있도록 해준다. 그래서 백성들은 임금이 있는지조차 모를 정도가 된다. 그 다음가는 임금은 백성들에게 덕과 인의仁義를 베푼다. 그래서 백성들은 그 임금을 친근하게 여기고 칭송한다. 그 다음가는 임금은 정치만을 하고 형벌로 백성을 다스린다. 백성들은 벌을 받을까 무서워 그 임금을 두려워한다. 가장 나쁜 임금은 권모술수를 써서 백성들을 업신여기고 속인다. 그래서 백성들은 그 임금을 믿지 않는다.

역주

太上태상 : 가장 훌륭한 임금

譽예 : 자랑스러운

悠兮유혜 : 경솔하게 말하지 않는다

下하 : 아랫사람들

侮모 : 업신여기다

貴言귀언 : 말을 귀하게 여기는 것

가장 훌륭한 임금은 침착하게 말을 아끼고 공을 세우고 일이 잘되
어도 자기 공이라고 내세우지 않는다. 그로 인해 백성들은 자기들이
잘 해서 그렇게 된 것이라고 말하게 된다.

　　노자는 무위자연無爲自然으로 다스리는 것이 가장 높은 경지이며
덕이나 예의 또는 법으로 다스리는 것은 그보다 못하다고 가르친다.
현명한 지도자는 자신을 내세우지 않는다. 자신의 신념이나 명예보
다 전체 공동체의 이익을 앞세운다. 그로 인해 사회는 상반된 신념으
로 인한 다툼은 사라지게 되며, 모두가 행복한 삶이라는 보다 중요한
가치를 지향하도록 이끈다.

18

나라가 어지러워지면 충신이 드러난다

대도가 없어지자 인의가 생겨났으며
지혜를 내세우니 큰 거짓이 생겨났다.
가족이 서로 화목하지 않게 되자 효도와 자애가 생겨났고
나라가 어지러워지자 충신이 생겨났다.

大道廢 有仁義 慧智出 有大僞
대 도 폐 유 인 의 지 혜 출 유 대 위

六親不和 有孝慈 國家昏亂 有忠臣
육 친 불 화 유 효 자 국 가 혼 란 유 충 신

　무위자연의 도가 없어지면 인의를 주장하는 사람이 나온다. 큰 도
가 사라지면 비로소 인의가 나타나게 되는 것이다. 예악을 주장하고
법령을 앞세우면 백성들은 그것을 모면하기 위해 거짓으로 행동하
게 된다. 제아무리 훌륭한 법을 만들어 시행한다 해도 그것을 피하기
위한 거짓이 생기기 마련이다. 부모와 형제가 화목하게 지낸다면 효
와 자애의 필요성을 느끼지 못하지만 불화가 일어난다면 비로소 부
모에게 대한 효심과 자식에게 베푸는 자애가 나타난다.
　마찬가지로 나라가 어지러워지면 충성스러운 신하가 나오게 된
다. 국가가 평화롭게 잘 운영되고 있을 때에는 충신이 있는지 없는지
구별할 수 없는 것이다.

역주

大道대도 : 무위자연의 도리　　　　廢폐 : 폐하다
大僞대위 : 큰 거짓, 억지로 꾸미는 일　六親육친 : 부모와 형제 그리고 부부

61

19

이익을 포기하면 도둑이 없어진다

탁월한 재주를 없애고 지혜를 버리면

백성들의 이익이 백배가 되고

인仁을 끊고 의義를 버리면

백성들은 효도하고 자애하게 될 것이다.

기교를 버리고 이익을 포기하면 도둑이 없어질 것이다.

그러나 이 세 가지 모두 다 꾸미는 것이기에

다스리기에 충분하지 않으므로 돌아갈 곳이 있어야 한다.

수수함을 드러내고 질박함을 지니며

이기심을 줄이고 욕심을 줄여야 한다.

絶聖棄智 民利百倍 絶仁棄義 民復孝慈

절 성 기 지   민 리 백 배   절 인 기 의   민 복 효 자

絶巧棄利 盜賊無有

절 교 기 리   도 적 무 유

此三者 以爲文不足

차 삼 자   이 위 문 부 족

故令有所屬 見素抱樸 少私寡欲

고 영 유 소 속   견 소 포 박   소 사 과 욕

　재능과 지혜가 뛰어난 위정자는 자신들의 탁월한 재주로 여러 가
지 제도를 만들고 규범을 내세워 백성을 다스리려고 한다. 하지만 그
렇게 하면 오히려 백성들이 명예나 공로를 다투게 되어 무위자연의
도를 해치게 되니 백성들은 더욱 힘들어질 뿐이다. 그것을 내세우지
않으면 백성들은 오히려 넉넉하고도 풍요롭게 살아갈 수 있다.
　마찬가지로 인과 의를 강조하지 않으면 백성들은 저절로 자기 본
마음에 충실하여 효도하고 자애로워진다. 또한 자연을 거스르는 기
술이나 이익을 탐하는 마음을 버리게 되면 이 세상에 도둑이 생겨날

역주

聖성 : 최고의 경지　　　　　棄利기리 : 이익을 버리다
民利민리 : 백성들의 이익　　　素소 : 물들이지 않은 있는 그대로의 실
樸박 : 갓 베어 낸 원목, 자연 그대로의 모습

리 없다.

그렇다면 이 세 가지를 전부 없애는 것만으로 충분할까? 아직은 부족하다. 백성들에게 돌아갈 고향과 같은 것을 마련해 주어야 한다. 색깔을 물들이지 않은 새하얀 순박함과 다듬지 않은 통나무와 같은 질박한 마음을 갖도록 해주어야 한다. 이기심을 없애고 욕심을 줄이도록 이끄는 것이 중요하기 때문이다.

노자는 문명의 겉치레를 벗어던지고 있는 그대로의 소박한 생활을 강조한다. 자연을 존중하는 생활이야말로 자기만 생각하는 이기심, 욕심 등에서 벗어나는 것이라고 가르치고 있다. 이기심과 욕심을 줄이는 소사과욕小私寡欲은 바로 무위자연無爲自然이다.

지도자의 수신修身은 '도道'에 다가서는 것이어야 한다. 도를 통해 소박하고 참다운 나를 회복하고 사심과 사욕을 버려야 한다. 이기심을 줄이고 과욕을 버려야 사회가 화목하고 평안하도록 이끌 수 있다. 제도나 규범도 중요하지만 그 이전에 건강한 사회를 만들기 위해 지도자는 물론 사회 구성원들의 마음속에도 순박함과 질박함이 우선 자리잡아야 한다.

20

쉬지 않는 바람과 같다

배우는 것을 그만두면 근심이 사라진다.
"예"라는 대답과 "응"이라는 대답이 서로 얼마나 다르겠는가?
선함과 악함이 서로 얼마나 다르겠는가?
남들이 두려워하는 것을 나도 두려워하지 않을 수는 없지만
그래도 나의 도는 넓고 커서 끝이 없다.
뭇 사람들이 서로 사이좋게 희희낙락하며
큰 잔칫상을 받은 것 같고
봄날에 높은 누대에 올랐는데 나 홀로 넋을 놓고 움직이지 않고
아직 웃지 않는 갓난아이 같고
나의 지친 몸은 돌아갈 곳이 없는 사람 같다.
세상사람들은 모두 여유있어 보이는데 나 혼자 빈털터리 같고
내 마음은 바보의 마음인지 흐리멍텅하기만 하다.
세상사람들은 모두 총명한데 나 혼자 멍청하고
세상사람들은 모두 똑똑한데 나 혼자 바보 같고
바다처럼 잠잠하고 쉬지 않는 바람과 같다.

세상 사람들은 모두 쓸모가 있는데 나 혼자 어리석은 촌뜨기 같다.

나 혼자만이 남들과는 달리 대자연이라는

어머니에게 길러진다는 것을 귀하게 여긴다.

絶學無憂 唯之與阿 相去幾何

절 학 무 우　유 지 여 아　상 거 기 하

善之與惡 相去何若 人之所畏 不可不畏

선 지 여 악　상 거 하 약　인 지 소 외　불 가 불 외

荒兮其未央哉

황 혜 기 미 앙 재

衆人熙熙 如享太牢 如春登臺 我獨泊兮 其未兆

중 인 희 희　여 향 태 뢰　여 춘 등 대　아 독 박 혜　기 미 조

如嬰兒之未孩 儽儽兮若無所歸

여 영 아 지 미 해　래 래 혜 약 무 소 귀

衆人皆有餘 而我獨若遺 我愚人之心也哉 沌沌兮

중 인 개 유 여　이 아 독 약 유　아 우 인 지 심 야 재　돈 돈 혜

俗人昭昭 我獨昏昏 俗人察察 我獨悶悶

속 인 소 소　아 독 혼 혼　속 인 찰 찰　아 독 민 민

澹兮其若海 飂兮 若無止

담 혜 기 약 해　요 혜　약 무 지

역주

唯유 : '예'라는 공손한 대답　　　　阿아 : '응'이라는 교만한 대답
荒兮황혜 : 아득하고 먼　　　　　　未央미앙 : 다함이 없다, 끝이 없다
太牢태뢰 : 제물　　　　　　　　　　孩해 : 아기의 웃음소리
儽儽兮래래혜 : 고달프고 지친 모습　沌沌兮돈돈혜 : 분별력이 사라진 모습
悶민 : 번민　　　　　　　　　　　　食母식모 : 생명의 근원.

衆人皆有以 而我獨頑似鄙 我獨異於人 而貴食母
중 인 개 유 이 이 아 독 완 사 비 아 독 이 어 인 이 귀 식 모

우리가 후천적으로 배워서 얻은 지식이 모든 문제들의 해결책이
될 수는 없다. 오히려 배워 알게 된 지식들을 버리면 근심과 걱정이
사라진다. 누군가 나에게 "예"하고 공손하게 대답하고 "응"하고 건
방지게 대답한다고 하자. 태도는 공손하거나 건방지지만 대답이라는
사실만큼은 크게 다르지 않다. 선과 악도 마찬가지이다. 어떨 때 선
한 것이 시간이 지나 악한 것으로 될 수 있고, 반대로 악한 것이 선한
것으로 바뀔 수도 있다. 그러므로 윤리도덕이거나 예법 그리고 가치
규범과 같이 인간 세상에서 배워 익힌 것들이 인생의 절대적인 기준
이 될 수는 없는 것이다.

그래도 우리가 살아가는 동안에는 사람들이 사는 세상을 떠나 살
수는 없다. 그래서 사람들이 두려워하는 것을 나도 두려워하게 된다.
하지만 나에게 아주 크고 넓은 도가 있다면 세상을 달리 바라볼 수
있다. 희희낙락하는 사람들이 영리하고 분명하며 여유있고 쓸모있
어 보인다. 반대로 멍청하고 촌뜨기처럼 어리석게 보이지만 대자연
의 도를 지키고 있는 나는 행복한 삶에 한걸음 더 가까이 들어서 있
는 것이다.

지도자는 지엽말단에 머물지 않도록 늘 각성하여 명리에 빠지지
말아야 한다. 또한 세속적인 판단에 흔들리지 않고 위대한 자연의 법
칙에 따르며 시종일관 미래를 향해 나아가야 한다.

21

있는 듯 없는 듯하다

큰 덕의 모습은 오직 도에서만 나오지만

도라는 것은 있는 듯 없는 듯하다.

있는 듯 없는 듯하지만 그 안에는 모습이 있고,

있는 듯 없는 듯하지만 그 안에는 사물이 있으며

그윽하고 신비롭지만 그 안에는 정기精氣가 있고

그 정기는 아주 순수하며 그 안에 진실함이 있다.

아주 먼 옛날부터 지금까지 도의 이름은 사라지는 법이 없으며

그 이름으로 우리는 만물의 근원을 볼 수 있다.

내가 어떻게 만물의 근원을 볼 수 있을까?

도로써 볼 수 있는 것이다.

孔德之容 惟道是從 道之爲物 惟恍惟惚
공덕지용 유도시종 도지위물 유황유홀

惚兮恍兮 其中有象 恍兮惚兮 其中有物
홀혜황혜 기중유상 황혜홀혜 기중유물

窈兮冥兮 其中有精 其靜甚眞 其中有信
요혜명혜 기중유정 기정심진 기중유신

自古及今 其名不去 以閱衆甫
자고급금 기명불거 이열중보

吾何以知衆甫之狀哉 以此
오하이지중보지상재 이차

큰 덕의 모습은 도에만 있다. 도는 명확하지 않아서 흐릿하고 황홀하여 그 모습이 있는지 없는지 분명하게 알 수 없다. 하지만 그 안에는 모습과 실체가 담겨 있다. 그윽하고 신비롭지만 그 안에는 가장 순수하고 진실한 정기가 있다.

또한 아주 먼 옛날부터 있어 왔으며 영원히 사라지지 않으므로 우리들은 도를 통해 대자연과 이 세상의 모든 원리를 깨달을 수 있다.

역주 ─────────────────────────────

窈兮冥兮요혜명혜 : 고요하며 어두워 신비스러운
不去불거: 사라지지 않음
其名不去기명불거 : 도의 이름은 영원히 없어지지 않는다
衆甫중보: 만물의 근원

도를 통해 만물의 근원을 알 수 있는 것은, 만물이 태어나고 사라지는 것 모두 눈에 보이지 않는 도가 작용해서 이루어진 것이기 때문이다. 인간의 참된 능력은 큰 덕을 갖추어야만 발휘될 수 있는데, 이러한 큰 덕은 도를 따라야만 갖출 수 있다.

인간의 능력을 최대한 발휘할 수 있도록 하기 위해서는 이러한 우주의 도와 천지의 정기에 의거하여 참다운 성질로 돌아가는 것이다. 인간으로 하여금 자신의 근본을 믿게 하여 스스로가 자연이 되도록 이끄는 것이다.

22

굽히면 온전할 수 있다

굽히면 온전할 수 있다. 휘어지면 곧게 펼 수 있으며,
움푹하면 채울 수 있고, 낡으면 새로워질 수 있으며
가진 것이 적으면 얻을 수 있고, 가진 것이 많으면 미혹된다.
그러므로 성인은 하나를道 껴안아 천하의 본보기로 삼는다.
스스로 드러내지 않아서 밝으며
스스로 옳다고 하지 않아서 밝혀지며
스스로 자랑하지 않아서 공이 있고
스스로 뽐내지 않아 오래 간다.
굽히면 온전할 수 있다는 옛말이 헛된 말이겠는가!
참으로 온전하게 천하가 그의 소유가 될 것이다.

曲則全 枉則直 窪則盈 幣則新 少則得 多則惑
곡 즉 전 왕 즉 직 와 즉 영 폐 즉 신 소 즉 득 다 즉 혹

是以聖人 抱一 爲天下式
시 이 성 인 포 일 위 천 하 식

不自見 故明 不自是 故彰 不自伐 故有功 不自矜 故長
부 자 견 고 명 부 자 시 고 창 부 자 벌 고 유 공 부 자 긍 고 장

夫唯不爭 故天下莫能與之爭
부 유 부 쟁 고 천 하 막 능 여 지 쟁

古之所謂曲則全者 豈虛言哉
고 지 소 위 곡 즉 전 자 기 허 언 재

誠全而歸之
성 전 이 귀 지

자신을 낮추고 구부려야 온전해질 수 있다. 들에서 자라는 풀잎은
바람이 불 때 휘어지지 않으면 뿌리째 뽑혀진다. 그러므로 곧게 펴기
위해서는 일단 굽혀야 하고, 무언가를 채우려면 움푹해야 한다. 낡은
상태에 있어야 새로워지려 노력할 수 있으며, 재산이나 지식을 너무

역주

枉왕 : 굽히다   窪와 : 움푹 패인 곳
抱一포일 : 도 하나만을 껴안다   自是자시 : 자신이 옳다고 주장하다
自伐자벌 : 스스로 자랑하다

많이 갖고 있으면 올바른 결정을 내리기 어려워 의심하고 혼란스러워하게 된다. 그래서 성인은 모든 것을 다 갖추겠다는 욕심을 부리지 않고 오로지 도道 하나만을 품어 천하의 본보기로 삼는 것이다.

성인은 굳이 자신을 드러내지 않아도 현명하며, 자신이 옳다고 주장하지 않아도 옳다는 것이 밝혀진다. 자신의 공을 자랑하지도 않아도 공이 드러나며, 오래 기억된다. 그래서 굽히면 온전할 수 있다는 옛말은 참으로 진실한 말이다.

노자는 도 하나만이 세상의 본보기다 된다고 강조하고 있다.

지도자는 자기 자신을 드러내는 일을 경계해야 한다. 자기 자신을 드러낸다는 것은 사실상 허영에서 비롯된 사심이며 남과 명리를 다투는 구체적인 행위가 되므로 결과적으로 사람들과 거리가 멀어지고 비난을 받게 된다.

23

소나기는 하루 종일 내리지 않는다

자연은 말을 많이 하지 않는다.
그러므로 회오리바람은 아침 내내 불지 않으며
소나기도 하루 종일 내리지 않는다.
누가 그렇게 하는 것일까?
하늘과 땅이다.
하늘과 땅조차도 이처럼 오래할 수 없는데
하물며 사람은 어떻겠는가?
그러므로 도를 따르는 사람은 도와 하나가 되고,
덕을 따르는 사람은 덕과 하나가 되고,
도와 덕이 아닌 것을 따르는 사람은
도와 덕이 아닌 것과 하나가 된다.
도와 함께 하는 사람은 그것을 얻었음을 기뻐하고
덕과 함께 하는 사람 역시 그것을 얻었음을 즐거워하며
도와 덕이 아닌 것과 함께하는 사람은
도와 덕이 아닌 것을 얻었음을 즐거워한다.
신뢰가 부족하면 신뢰받지 못한다.

希言自然
희 언 자 연

故 飄風不終朝 驟雨不終日
고 표 풍 부 종 조 취 우 부 종 일

孰爲此者 天地 天地尙不能久 而況於人乎
숙 위 차 자 천 지 천 지 상 불 능 구 이 황 어 인 호

故從事於道者 道者同於道 德者同於德 失者同於失
고 종 사 어 도 자 도 자 동 어 도 덕 자 동 어 덕 실 자 동 어 실

同於道者 道亦樂得之 同於德者 德亦樂得之
동 어 도 자 도 역 락 득 지 동 어 덕 자 덕 역 락 득 지

同於失者 失亦樂得之
동 어 실 자 실 역 락 득 지

信不足焉 有不信焉
신 부 족 언 유 불 신 언

도에 따라 살아가는 사람이 말을 많이 하지 않는 것은 자연스러운
일이다. 회오리바람이 제아무리 세게 불어도 아침 내내 부는 법이 없

역주

希言희언 : 무언의 가르침   終朝종조 : 새벽부터 아침까지
飄風표풍 : 회오리바람   而況이황 : 하물며
失실 : 도와 덕을 잃어버린 것

으며 소나기도 하루 종일 내리는 법이 없는 것과 같은 이치다. 하늘
과 땅이 회오리바람을 일으키고 소낙비를 내리게 하지만 오랫동안
계속되는 법이 없는데 하물며 사람은 어떠하랴? 진실을 담은 말은
귀하고 자연스러운 것이다. 자신의 주장을 앞세운 말은 쉽게 왜곡되
어 분쟁을 일으키게 된다.

그러므로 자연이 그렇듯이 사람 역시 말을 많이 하지 않는 것이
당연하다. 그것이 바로 도와 하나가 되는 경지이다. 이런 경지에 올
라서게 되면 도道 역시 이것을 기뻐하므로 더욱 자연에 가까워진다.
반대로 도와 덕이 아닌 것과 하나가 되면 도와 덕이 아닌 것 역시 이
것을 기뻐하므로 많은 것을 잃게 된다. 그러므로 올바른 것에 대한
믿음이 없다면 다른 사람들의 신뢰를 받을 수 없게 된다.

자연의 도道는 인간의 믿음을 저버리는 법이 없다. 그렇기 때문에
자연의 이치는 깊은 신뢰감을 준다. 도와 함께 살아가는 사람은 바로
자연의 믿음을 얻게 된다. 사람은 도가 우리들에게 전해주는 무언의
가르침과 진실을 배워야 한다.

사람은 자연의 말없는 가르침을 받는다. 지도자는 반드시 말을 적
게 하고 일은 많이 해야 하며 평이하게 말하지만 신중하게 일처리를
해야 한다.

말하기를 좋아하는 것은 흔히 자신을 드러내기 위함이지만 위인爲
人의 '도道'와는 거리가 멀다. 말을 많이 한다는 것은 온갖 수단을 이
용하여 사욕과 명예를 추구하는 것과 마찬가지여서 자연을 거슬러
세속의 향락을 따르는 악습에 빠져들게 된다.

24

먹다 남은 밥

발끝으로 서는 사람은 오래 서 있을 수 없고,
걸음을 멀리 떼며 걷는 사람은 오래 걸을 수 없으며
스스로 드러내려는 사람은 밝지 못하고
스스로 옳다는 사람은 드러내지 못하며
스스로 자랑하는 사람은 공이 없고
스스로 뽐내는 사람은 오래가지 못한다.
도의 입장에서 보면 이런 일은
먹다 남은 밥이며 쓸모없는 행동이니
누구나 항상 이것을 미워한다.
그러므로 도를 지닌 사람이라면 그런 짓을 하지 않는다.

企者不立 跨者不行 自見者不明 自是者不彰
기 자 불 립 과 자 불 행 자 견 자 불 명 자 시 자 불 창

自伐者無功 自矜者不長 其在道也 曰餘食贅行
자 벌 자 무 공 자 긍 자 부 장 기 재 도 야 왈 여 식 췌 행

物咸惡之 故有道者不處
물 함 오 지 고 유 도 자 불 처

남들보다 두드러지게 보이기 위해 발끝으로 까치발을 하거나 남보다 빨리 가려고 성큼성큼 걷는다면 오히려 오래 서 있지도 못하고 남들보다 앞서 가지도 못하게 된다. 이렇듯 자신을 억지로 드러내려 하는 것은 오히려 현명하지 못하다는 것을 드러내는 일일 뿐이며, 스스로 옳다는 주장을 앞세우면 오히려 오해받기 십상이다. 스스로 자기 재능을 자랑하고 뽐내려 하거나 스스로 잘 났다고 으스댄다면 오히려 사람들의 마음속에 오래도록 자리 잡지 못한다.

도의 입장에서 생각한다면 이런 행동들은 먹다 남은 음식과 같은 볼품도 없고 유익하지도 않다. 뿐만 아니라 다른 사람들의 반감을 사게 되거나 해만 끼치게 되므로 오히려 싫어하게 된다. 그래서 도를

역주

企者기자 : 발꿈치를 들고 발끝으로 서는 사람
跨者과자 : 보폭을 넓게 떼는 사람　　伐벌 : 자랑하다
矜긍 : 자랑하다　　餘食여식 : 먹다 남은 음식
贅行췌행 : 쓸데없는 행동

지닌 사람은 이런 행동을 하지 않는다.

　지도자는 공동체의 나아갈 방향을 제시하고 새로운 길을 개척하는 사람이다. 인재 양성이 그렇듯 국가 역시 백년지대계이다. 최적의 진로에 대한 오랜 연구와 판단과 결정 대신 지도자가 헛된 개인적인 욕망에 싸여 조급하게 이끈다면 당연히 미래는 불안정해진다. 지도자는 급히 가는 길보다 오래 가는 방법을 고민해야 한다.

25

하늘도 크고 땅도 크고 사람도 크다

혼돈 속에서 만들어진 것이 있는데
그것은 하늘과 땅보다 먼저 생겼으며
소리도 없고 모양도 없지만 홀로 우뚝 서 있으며
언제까지나 변하지 않고 두루 어느 곳이나 퍼져나가며
절대로 멈추는 일이 없으니 천하의 어머니라 할 수 있다.
나는 그 이름을 모르고 다만 도道라고 불러 보는데
구태여 이름을 붙인다면 대大라고 하겠다.
크다 함은 끝없이 뻗어 나간다는 것,
끝없이 뻗어 나간다 함은 아주 멀리멀리 나간다는 것,
아주 멀리멀리 나간다 함은 다시 되돌아옴을 말한다.
그러므로 도는 크고 하늘도 크고 땅도 크고 사람도 크다.
세상에는 네 가지 큰 것이 있는데 사람도 그 중 하나이다.
사람은 땅을 본받고 땅은 하늘을 본받고
하늘은 도를 본받고 도는 자연을 본받는다.

有物混成 先天地生

유물혼성 선천지생

寂兮廖兮 獨立而不改

적혜요혜 독립이불개

周行而不殆 可以爲天下母

주행이불태 가이위천하모

吾不知其名 字之曰道 强爲之名曰大

오부지기명 자지왈도 강위지명왈대

大曰逝 逝曰遠 遠曰反

대왈서 서왈원 원왈반

故道大 天大 地大 人亦大

고도대 천대 지대 인역대

域中有四大 而人居其一焉

역중유사대 이인거기일언

人法地 地法天 天法道 道法自然

인법지 지법천 천법도 도법자연

역주

混成혼성 : 섞여 이루어지다

寂兮廖兮적혜요혜 : 소리도 없고 모양도 없는 상태

周行주행 : 모든 곳으로 골고루 나아간다

遠曰反원왈반 : 멀리 나갔다 다시 근본으로 돌아온다

域中역중 : 우주의 안　　　　　　　人法地인법지 : 사람은 땅의 규범을 따른다

하늘과 땅이 생기기 전에 어떤 것이 있었는데 그것은 혼돈 속에서 만들어져 모든 것이 갈라져 나누어지기 전에 있는 어떤 것이다. 하늘과 땅보다 먼저 생긴 그것은 소리나 모양도 없어 우리가 쉽게 만질 수도 볼 수도 없다. 언제나 홀로 우뚝 서 있으면서 변함없이 그 자리에 있고 세상의 어느 곳에나 있으며 움직임을 멈추는 법이 없어 천하를 만들어내는 어머니라 할 수 있다.

그 이름이 무엇인지 나는 모르지만 도라고도 불러보고 엄격히 따지자면 도라는 이름도 사실 그것의 참된 이름이라 할 수 없다. 그래도 굳이 이름을 붙인다면 대大라고 할 수 있다. 이것이 얼마나 큰지 아주 끝없이 뻗어나가, 멀리 우주 끝까지 다다를 정도이지만 아무리 멀리 나가도 반드시 원래의 상태로 되돌아온다. 도는 큰 것이다. 이런 도를 본받는 하늘도 크고 하늘을 본받는 땅도 크며 도를 본받는 사람도 크다. 그런 사람은 이 세상의 왕이 될 만하다. 또는 위대하다. 그러면 도는 무엇을 본받는가? 도는 자연을 본받는다.

노자가 말하는 자연은 도에 의해 만들어지는 인위人爲가 없는 무위無爲의 자연自然이다.

26

가볍게 행동하면 근본을 잃는다

무거운 것은 가벼움의 뿌리이며 고요한 것은 조급함의 주인이다.

그러므로 성인은 하루 종일 걷더라도 짐수레를 떠나지 않으며

아름다운 경치가 앞에 있어도 전과 다름없이 관심을 두지 않는다.

만대의 전차를 가진 나라의 임금이

어찌 가볍게 행동할 수 있을까?

가볍게 행동하면 근본을 잃게 되고

조급하게 행동하면 임금의 자리를 잃는다.

重爲輕根 靜爲躁君

중위경근 정위조군

是以聖人終日行 不離輜重

시이성인종일행 불리치중

雖有榮觀 燕處超然

수유영관 연처초연

奈何萬乘之主 而以身輕天下

내하만승지주 이이신경천하

輕則失本 躁則失君

경즉실본 조즉실군

　말수가 적고 진중한 사람은 말이 많고 경솔한 사람의 주인이 된
다. 경솔하게 행동하거나 성급하게 움직이면 언젠가는 남에게 제압
을 당하게 되는 법이니 몸가짐이나 행동은 언제나 무겁고 조심스러
워야 한다. 옛날 성인은 여행을 하거나 군대를 움직여 행군할 때 수
레의 속도에 맞추어 천천히 걸어갔다. 그만큼 남의 입장에 서서 법도
에 맞추어 행동했던 것이다. 길을 가던 도중에 화려한 풍광과 볼거리
가 있어도 관심을 두지 않았다. 전차가 만대나 있는 나라라면 모두가

역주

輜重치중 : 의복이나 양식을 실은 수레　　超然초연 : 구속되지 않고 태연하다

乘승 : 전차　　失君실군 : 임금의 자리를 잃는다

우러러보는 대국인데 그런 나라를 다스리는 임금이라면 아무리 다급하거나 고생스러운 일이라 해도 법도를 벗어나서는 안된다. 자신의 말 한마디로 천하를 좌우하는 임금이 어찌 가볍게 원칙을 벗어나 행동할 수 있을까? 몸가짐을 함부로 하거나 가벼운 언사를 일삼는다면 오히려 임금의 자리마저 잃는 어리석은 군주가 될 것이니 몸가짐과 언사는 더욱 신중하고 침착해야 한다.

27

선하지 못한 사람은 선한 사람의 거울이다

참으로 잘 달리는 사람은 발자국을 남기지 않으며
참으로 잘하는 말에는 허물이 없고
참으로 셈을 잘하는 사람에겐 계산기가 필요 없으며
잘 맺어진 매듭은 졸라매지 않아도 풀리지 않고
잘 닫힌 문은 빗장으로 잠그지 않아도 열지 못한다.
그러므로 성인은 언제나 사람들을 잘 구제하고
버리는 사람이 없으며
물건을 잘 아끼고 버리는 법이 없다.
이것을 말하여 밝음을 터득했다고 한다.
그러므로 선한 사람은 선하지 못한 사람의 스승이고
선하지 못한 사람은 선한 사람의 거울이다.
스승을 소중하게 여기지 않는 사람은
비록 스스로 지혜롭다고 내세워도 크게 미혹된 사람이다.
이것이 바로 신비로운 도의 진리이다.

善行無轍迹 善言無瑕謫 善數不用籌策
선 행 무 철 적　선 언 무 하 적　선 수 불 용 주 책

善閉無關楗 而不可開 善結無繩約 而不可解
선 폐 무 관 건　이 불 가 개　선 결 무 승 약　이 불 가 해

是以聖人常善求人 故無棄人 常善救物 故無棄物
시 이 성 인 상 선 구 인　고 무 기 인　상 선 구 물　고 무 기 물

是謂襲明
시 위 습 명

故善人者 不善人之師 不善人者 善人之資
고 선 인 자　불 선 인 지 사　불 선 인 자　선 인 지 자

不貴其師 不愛其資 雖智大迷
불 귀 기 사　불 애 기 자　수 지 대 미

是謂要妙
시 위 요 묘

　보통 사람들은 걸을 때 발자국을 남기게 되고, 자신의 생각이 옳다는 주장을 펴다보면 말실수도 하게 된다. 또한 계산기가 있어야만 계

역주

轍철 : 바퀴자국　　　　　　　瑕謫하적 : 허물, 원래는 옥의 티
籌策주책 : 셈할 때 사용하던 산가지　關楗관건 : 빗장과 자물쇠
襲明습명 : 밝은 지혜　　　　　要妙요묘 : 奧妙오묘

산을 할 수 있고, 빗장이 있어야만 문을 닫을 수 있다.

이러한 것들은 상식이지만 도를 깨우친 성인은 자연에 따라 걷기 때문에 발자국을 남기지 않으며, 잘 가려서 하기 때문에 말실수를 하는 법이 없다. 개인적인 욕심이 없기 때문에 계산기를 두들겨 잔꾀를 부릴 필요도 없고, 사람들을 정성스럽게 대하기 때문에 굳이 대문을 걸어 잠그지 않아도 도둑맞을 걱정이 없다.

그만큼 도를 깨우친 성인은 언제나 사람들을 감화시켜 행복하게 함께 살 수 있도록 이끈다. 일부러 자신의 기준에 따라 사람들을 버리거나 외면하지 않는다. 또한 모든 것을 보물처럼 아끼기 때문에 특별히 귀하게 여기거나 버리는 것이 없다. 이것이 바로 도의 진리에 따라 행동하는 진정한 성인의 모습이다.

노자는 모든 것을 둘로 나누어 서로 대립한다고 생각하는 논리를 매우 경계했다.

이 장에서는 지도자가 따라야 할 본보기에 대해 말하고 있다. 개인적인 기준을 바탕으로 피아를 구분하지 않고 편견으로 일을 지체시키거나 그르치지 않는다. 그러므로 사람, 일, 사물을 모두 다 얻었다 할지라도 우쭐대거나 뽐내지 않는다. 이처럼 불편부당을 앞세워 자연스럽게 행동하므로 모든 사람의 협력을 얻어낼 수 있어 능력을 최대한 발휘할 수 있게 되는 것이다.

28

통나무가 쪼개져 그릇이 된다

남성다움을 알면서 여성다움을 지킨다면
천하의 골짜기가 될 수 있고
천하의 골짜기가 되면 영원한 덕이 몸에서 떠나지 않아
다시 갓난아기로 되돌아갈 수 있다.
흰 것을 알고 검은 것을 지키면 천하의 본보기가 될 것이고
천하의 본보기가 되면 영원한 덕에서 어긋나지 않고
무한한 도의 상태로 돌아가게 될 것이다.
영광을 알고 치욕을 지킨다면 천하의 골짜기가 되고
천하의 골짜기가 되면 영원한 덕이 넉넉해져
통나무의 상태로 되돌아가고
통나무가 쪼개져 그릇이 되듯이
성인도 이를 이용하여 우두머리가 된다.
그러므로 정말로 잘 자른다는 것은 자르지 않는 것이다.

知其雄 守其雌 爲天下谿 爲天下谿 常德不離 復歸於嬰兒
지 기 웅 수 기 자 위 천 하 계 위 천 하 계 상 덕 불 리 복 귀 어 영 아

知其白 守其黑 爲天下式 爲天下式 常德不忒 復歸於無極
지 기 백 수 기 흑 위 천 하 식 위 천 하 식 상 덕 불 특 복 귀 어 무 극

知其榮 守其辱 爲天下谷 爲天下谷 常德乃足 復歸於樸
지 기 영 수 기 욕 위 천 하 곡 위 천 하 곡 상 덕 내 족 복 귀 어 박

樸散則爲器 聖人用之 則爲官長
박 산 즉 위 기 성 인 용 지 즉 위 관 장

故大制不割
고 대 제 불 할

남성과 여성, 수컷과 암컷은 서로 다른 성질을 갖고 있어 하나는 강하고 활달하지만 다른 한쪽은 그와는 반대로 약하고 조용하다. 이두 가지 성질을 하나로 아우를 수 있다면 이 세상의 모든 것이 모여드는 골짜기가 될 수 있어 영원한 덕이 몸에서 떠나지 않으니 어린아이와 같은 도의 상태로 돌아갈 수 있다. 흰 것과 검은 것도 또한 서로반대되는 색깔로서 어느 한 가지 색깔을 버리지 않고 둘 다 아우른다

역주

常德상덕 : 영원히 변치 않는 덕   式식 : 모범
不忒불특 : 도에서 벗어나지 않는 것
樸散박산 : 통나무와 같은 소박한 도를 의미한다
大制대제 : 인위적이지 않게 자연적으로 자르는 것

면 세상의 본보기가 될 수 있으니 영원한 덕을 갖추게 된다.

영광과 치욕도 마찬가지이다. 세상의 골짜기가 되면 갓 태어난 갓 난아기처럼 갓 베어낸 통나무의 상태가 될 수 있는데, 이 통나무가 자연스럽게 쪼개져 사람들이 쓸모 있게 쓰는 그릇이 되는 것처럼 성인이 세상을 다스리는 방법도 이와 같다. 정말로 잘 다스린다는 것은 통나무를 억지로 이리저리 자르고 베어내는 것이 아니라 저절로 쪼개지도록 하는 것이다. 그러므로 성인은 천하를 다스릴 때 무위자연의 큰 틀만을 지키고 자질구레한 명분에 매달리지 않는다.

노자는 통나무[樸]의 비유를 통해 인간의 손때가 묻지 않은 소박하고 순수한 자연 상태인 도를 설명한다.

지도자는 모든 것을 아우를 수 있어야 한다. 특히 사람을 부리는 일에서는 차별이 없어야 한다. 서로 다른 의견을 가진 사람들이 자연스럽게 대화를 통해 문제를 해결해 나갈 수 있는 환경을 만들어야 한다. 어느 한 가지 의견에 치우치지 않고 공정하게 관리해야 한다. 지도자가 공정하다고 느낀다면 서로 의견이 다른 사람들도 자연스럽게 해결책을 만들어낼 수 있다. 각자의 의견 개진을 제한하거나 방해받지 않게 되면 누구나 대화와 조정의 결과를 흔쾌히 받아들일 수 있기 때문이다.

29

지키려 하면 잃어버린다

천하를 차지하기 위해 줄곧 욕심을 부리는 사람이 있지만
나는 그것이 불가능하다고 본다.
천하는 신비한 그릇이기에 그렇게 할 수 없다.
억지로 그렇게 한다면 무너지고 지키려 하면 잃어버린다.
무릇 이 세상의 일이라는 것이
앞서가는 것이 있는가 하면 뒤따르는 것도 있고
숨을 천천히 쉬는 것이 있는가 하면 빨리 쉬는 것도 있으며
강한 것이 있는가 하면 약한 것도 있고
꺾이는 것이 있는가 하면 무너지는 것도 있다.
그래서 성인은 지나침과 사치 그리고 교만함을 버린다.

將欲取天下而爲之 吾見其不得已
장 욕 취 천 하 이 위 지 오 견 기 부 득 이

天下神器 不可爲也
천 하 신 기 불 가 위 야

爲者敗之 執者失之
위 자 패 지 집 자 실 지

故物 或行或隨 或歔或吹 或强或羸 或挫或隳
고 물 혹 행 혹 수 혹 허 혹 취 혹 강 혹 리 혹 좌 혹 휴

是以聖人 去甚 去奢 去泰
시 이 성 인 거 심 거 사 거 태

　　천하를 다스리고자 한다면 마땅히 자연스럽게 흘러가는 무위無爲
를 근본으로 삼아야 한다. 그런데 억지로 무엇인가를 꾀하려고 욕심
을 부려 유위有爲로 하려는 사람은 결국 실패하고 만다. 천하라는 자
체가 매우 신성하고 귀중한 것이기 때문에 그것을 다스리고자 한다
면 억지로 욕심을 부려서는 안된다. 그렇게 하면 반드시 천하를 어지
럽히고 잃어버리게 된다. 권력을 잡으면 반드시 놓아야 할 때가 온

역주

將欲장욕 : 줄곧 욕심을 부린다
爲之위지 : 인위적으로 도모하다　　神器신기 : 신비로운 그릇, 가장 신령스러운 것
隳휴 : 무너지다　　　　　　　　執者집자 : 억지로 붙잡으려는 자
奢사 : 너무 지나친 것　　　　　泰태 : 지나치게 큰 것, 교만함

다. 그러므로 사사로운 욕심이나 이익을 앞세우지 말고 덕德으로 다스려야 한다. 이 세상에는 다양한 가치관들이 뒤섞여 있다. 앞장서 가는 것이 있다면 이를 뒤따르는 것이 있으며, 천천히 진척되는 것이 있다면 빨리 마무리되는 것도 있다. 강한 것이 있으면 약한 것이 있고 올려놓으면 반드시 떨어지는 것도 있다. 이러한 것들은 자연의 법칙으로 당연히 이루어지는 일들이기 때문에 성인은 천하를 다스릴 때 무위자연으로 다스리며 일체의 극단적이거나 지나친 일은 하지 않는다.

개인적인 욕심이야말로 지도자의 가장 큰 적이라 할 수 있다. 사리사욕을 행위준칙으로 삼는 사람이라면 대중을 이끌 수 없으며 시대조류의 주재자가 될 수도 없다. 그렇기 때문에 그 어떤 것도 새롭게 만들어낼 수 없다.

지도자는 언제나 많은 사람들을 부추겨 성공으로 이끌고, 사리사욕을 버리고 합리적인 방향으로 발전하도록 추진해야 한다. 세상의 모든 일에는 언제나 음과 양이 있으므로 그 하나하나를 일체가 되도록 조정하고 개선하면서 성장하도록 이끌어야 한다.

30

군대가 있는 곳에는 가시밭길이 생긴다

도로써 임금을 보좌하는 사람은 군대로 천하를 위협하지 않는다.

그렇게 하면 반드시 보복이 따르기 때문이다.

군대가 있는 곳에는 가시밭길이 생기며

큰 전쟁 뒤에는 반드시 흉년이 든다.

그러므로 정치를 잘하는 자는 모든 것을 저절로 이루어지게 하며

억지로 강대해지려고 하지 않는다.

이루고도 잘난 체하지 않으며 이루고도 교만하지 않는다.

이루고도 마지못해 한 것으로 하며 이루고도 강함이 없다.

만물은 도에 넘치게 강해질수록 반드시 노쇠해지는 법이니

이것을 도에 어긋난다고 하는데

도에 어긋나면 곧바로 나아갈 길이 막힌다.

以道佐人主者 不以兵强天下 其事好還

이 도 좌 인 주 자 불 이 병 강 천 하 기 사 호 환

師之所處 荊棘生焉

사 지 소 처 형 극 생 언

大軍之後 必有凶年

대 군 지 후 필 유 흉 년

善者果而已 不敢以取强

선 자 과 이 이 불 감 이 취 강

果而勿矜 果而勿伐

과 이 물 긍 과 이 물 벌

果而勿驕 果而不得已 果而勿强

과 이 물 교 과 이 부 득 이 과 이 물 강

物壯則老 是謂不道 不道早已

물 장 즉 로 시 위 부 도 부 도 조 이

　도로써 임금을 보좌하는 사람이라면 자기 힘을 자랑하기 위해 군
대의 힘을 빌리지 않는다. 군대로 남을 굴복시키려 하면 쉽사리 보복

역주

師사 : 군대　　　　　　　　　　荊棘형극 : 가시덤불
善者선자 : 뛰어난 재능을 가진 사람　果과 : 이루다
壯장 : 활기차고 강대하다

97

을 당한다. 군대가 휩쓸고 지나간 곳에는 가시밭이 생기며 큰 전쟁을 치르고 난 다음에는 논과 밭에 병충해가 생겨 반드시 흉년이 든다.

그래서 정치를 잘하는 자는 모든 것이 저절로 이루어질 수 있도록 한다. 그러므로 자기 나라의 힘을 억지로 키우지 않는다. 그런 사람은 무엇인가를 이룩해 놓고서도 잘난 체하지 않으며 교만하지 않으며 마치 어쩔 수 없이 그리했다고 생각하며 강한 체하지도 않는다.

만물에 공평하게 적용되는 원리는 도에 넘치도록 강성해지면 반드시 쇠퇴해진다. 과도한 것은 도가 아니기 때문이다. 그래서 도가 아닌 것은 얼마 가지 않아 앞길이 막히는 법이다.

노자는 전쟁을 반대하고 무력으로 세상을 다스리는 것을 경계했다. 그렇다고 무조건 전쟁을 해서는 안된다고 말하지는 않는다. 어쩔 수 없이 전쟁을 해야 할 때에는 나라와 백성을 지키는 선에서 끝내야 하며, 전쟁에서 이겼다고 기뻐하고 자랑하는 것은 잘못된 일이라고 가르치고 있다.

어떠한 목적을 달성하기 위해 과분하고 강폭한 수단을 취해서도 안 되며 스스로 뽐내거나 자랑해서는 더욱 안된다. 어떠한 사람이든 모두 우주와 자연의 작은 분자에 지나지 않는다. 한 사람이 대단한 공로가 있다할지라도 그것은 다만 자기가 마땅히 해야할 일을 원만하게 했을 뿐인 것이다. 그러므로 남을 해치고 자기의 목적을 달성하는 그런 권리는 본래부터 있을 수 없는 것이다. 자연의 순리를 따르지 않는다면 자멸을 초래하게 된다.

31

전쟁은 슬픈 장례식이다

무릇 훌륭한 무기라는 것은 상서롭지 못한 물건이라

사람들이 모두 다 싫어하므로

도를 지닌 사람은 이런 것에 마음을 두지 않는다.

군자는 평소에 왼쪽을 귀하게 여기지만

군사를 쓸 때는 오른쪽을 귀하게 여긴다.

무기는 상서롭지 못한 물건이기에 군자가 쓸 것이 못되며

어쩔 수 없이 써야 할 경우에는 담담한 마음으로 써야 하며

싸움에서 이기더라도 뽐내서는 안된다.

만약 뽐낸다면 사람을 죽이는 것을 즐거워하는 일이 되며

죽이기를 즐거워하는 사람은 세상에서 결코 큰 뜻을 펼칠 수 없다.

좋은 일에는 왼쪽을 높이고 나쁜 일에는 오른쪽을 높인다.

둘째로 높은 장군은 왼쪽에 있고 제일 높은 장군은 오른쪽에 있다.

이것은 전쟁을 장례식으로 여기라는 뜻인데

많은 사람을 죽였으니 이것을 슬퍼하고

전쟁에서 승리해도 이것을 장례식으로 처리해야 한다는 것이다.

夫佳兵者 不祥之器 物或惡之 故有道者不處
부가병자 불상지기 물혹오지 고유도자불처

君子居則貴左 用兵則貴右
군자거즉귀좌 용병즉귀우

兵者不祥之器 非君子之器
병자불상지기 비군자지기

不得已而用之 恬淡爲上
부득이이용지 염담위상

勝而不美 而美之者 是樂殺人
승이불미 이미지자 시락살인

夫樂殺人者 則不可得志於天下矣
부락살인자 즉불가득지어천하의

吉事尙左 凶事尙右
길사상좌 흉사상우

偏將軍居左 上將軍居右 言以喪禮處之
편장군거좌 상장군거우 언이상례처지

殺人之衆 以哀悲泣之 戰勝以喪禮處之
살인지중 이애비읍지 전승이상례처지

역주

佳兵가병 : 훌륭한 무기
居거 : 평상시
美미 : 찬미

不處불처 : 마음을 두지 않는다. 즉, 무기를 쓰지 않는다
恬淡염담 : 욕심이 없는 담담한 마음
偏편 : 보좌하다   上將軍상장군 : 대장

무기는 어떤 경우이든 흉기일 수밖에 없으며, 무기를 앞세운 전쟁이란 사람이 해서는 안되는 일이다. 적으로부터 침략을 당해 어쩔 수 없이 전쟁을 해야 하는 경우가 있어도 즐기는 듯한 마음을 가져서는 안된다.

사람을 죽이는 일을 좋아하는 자는 자신의 뜻을 천하에 펼칠 수 없다. 그러므로 도를 따르는 사람은 무기나 전쟁에 집착하지 않는다. 무기는 상서롭기 못한 물건이어서 군자가 써서는 안되는 물건이지만, 부득이 써야 할 경우가 생긴다면 담담한 마음을 가져야 한다.

전쟁을 할 때는 장례식을 치르고 있다는 마음을 가져야 한다. 전쟁에서 승리했다 하더라도 많은 사람을 죽였기 때문에 그들에 대한 장례식을 치르는 것이 진정한 군자의 태도이다.

노자는 평화를 가장 소중하게 생각하지만 전쟁을 해야만 하는 경우에도 아주 조심스럽게 즐기는 마음 없이 최소한의 인명 피해만으로 끝내야 한다고 가르치고 있다.

사람은 언제나 생명을 공경하고 또한 어려워하기 때문에 어떠한 생명이든지 피해를 입게 되면 누구나 다 그를 위해 기도하고 축원하며 슬퍼하게 된다. 자연에서 생성된 생명을 사랑하는 인간의 본성을 거스르는 것은 인간적인 삶의 의미를 부정하는 일이 되기 때문이다.

32

비록 통나무처럼 작지만

도는 영원히 이름이 없고 통나무처럼 비록 작으나

천하의 누구도 신하로 삼을 수 없다.

임금이 만일 이 통나무를 지킬 수 있다면

천하의 모든 것이 그에게 스스로 복종할 것이다.

그렇게 되면 하늘과 땅이 화합하여 단 이슬을 내리는데

백성들에게 굳이 명령하지 않아도 저절로 잘 다스려진다.

통나무가 쪼개어져 여러 이름이 생기면

자기가 머무를 바를 알게 되고

머무를 바를 알게 되면 위태롭지 않다.

이를테면 세상이 도로 돌아감은

마치 개천과 계곡의 물이 강이나 바다로 흘러들어가는 것과 같다.

道常無名 樸雖小 天下莫能臣也
도 상 무 명 박 수 소 천 하 막 능 신 야

侯王若能守之 萬物將自賓
후 왕 약 능 수 지 만 물 장 자 빈

天地相合 以降甘露 民莫之令而自均
천 지 상 합 이 강 감 로 민 막 지 령 이 자 균

始制有名 名亦旣有 夫亦將知止 知止可以不殆
시 제 유 명 명 역 기 유 부 역 장 지 지 지 지 가 이 불 태

譬道之在天下 猶川谷之於江海
비 도 지 재 천 하 유 천 곡 지 어 강 해

보거나 만질 수 없어서 이름을 붙일 수도 없는 도는 통나무처럼
소박하다. 이름도 없고 가공하지 않은 통나무처럼 보잘것없이 보이
지만 천하의 누구도 신하를 부리듯이 마음대로 부릴 수는 없다.

하지만 도를 귀하게 여기고 지킬 줄 아는 임금이 있다면 모두가
그를 따르기 위해 모여든다. 도를 쫓아 나라를 다스리면 하늘과 땅이
서로 화합하여 백성들이 편하게 살 수 있게 되고 그렇게 되면 임금이

역주

若能守之약능수지 : 만약 도를 지킬 수 있다면
甘露감로 : 단 이슬. 천하가 태평해진다는 비유
自均자균 : 스스로 질서와 균형을 이루다
不殆불태 : 위태롭지 않다

굳이 이것저것 명령을 내리지 않아도 나라는 저절로 잘 다스려진다.

소박한 통나무를 잘라 여러 가지 이름을 붙인 그릇을 만들 듯이 무위자연의 도를 이 세상에 펼치게 되면 그런 이름이 붙은 이 세상은 도에 의해 운영된다. 이것은 마치 개천이나 계곡의 물이 강이나 바다로 흘러들어가는 것처럼 정해진 이치인 것이다.

멈출 줄 아는 덕을 흔히 지족知足이라고 하는데, 자기 분수를 지키고 소박하게 살아간다면 모두 다 행복해질 수 있다는 원리를 가르쳐 주고 있다.

수신과 제가는 자기 인생의 주체적인 책임을 깨닫는 과정이므로 남을 변화시키기 위해 영향력을 주기 위한 것은 아니다. 남을 변화시키려는 것은 무위자연에 부합하지 않는 것이며 변화를 이끌기 위해서는 지도자 스스로가 먼저 변화해야 한다. 모든 변화는 자연의 이치에 따라 움직이는 것이며 개인적인 목표를 위한 것이 아니기 때문이다.

33

자신을 아는 사람이 현명하다

남을 아는 사람이 지혜롭다면, 자기를 아는 사람은 현명하다.

남을 이기는 사람에게 힘이 있다면, 자기를 이기는 사람은 강하다.

만족할 줄 아는 사람은 부유하고,

힘써 실천하는 사람에게는 뜻이 있다.

자신의 위치를 잃지 않는 사람은 영원하고

죽었어도 도를 잃지 않는 사람이 오래 사는 것이다.

知人者智　自知者明

지 인 자 지　자 지 자 명

勝人者有力　自勝者强

승 인 자 유 력　자 승 자 강

知足者富　强行者有志

지 족 자 부　강 행 자 유 지

不失其所者久　死而不亡者壽

부 실 기 소 자 구　사 이 불 망 자 수

　　남을 이해하고 판단하는 것은 대단히 어려운 일이어서 탁월한 지
혜가 필요하다. 하지만 남을 아는 것보다 더 어려운 것은 바로 자기
자신을 아는 일이다. 자기 자신을 안다는 것을 밝음 즉 현명함이라고
하는데, 이 밝음은 사물의 이치를 꿰뚫어보는 깨우침이라 할 수 있다.
　　남을 이기려면 힘이 있어야 하지만, 그것보다 더 강한 힘은 자기
자신을 이기는 것에서 나온다. 자신을 이겨낸 사람은 만족할 줄 알게
된다. 언제나 여유가 있고 넉넉하여 가진 것이 적어도 스스로 만족할
줄 아는 것이다. 그러므로 힘써 도를 찾고 부지런히 실천할 수 있다

역주

智지 : 밖으로 드러나는 지혜　　　　明명 : 현명함. 내적인 총명함
强行者강행자 : 힘써 실천하는 사람
死而不亡者사이불망자 : 몸은 죽어 사라져도 잊혀지지 않는 사람

면 뜻을 품고 있는 사람이며, 도가 있는 곳을 잊지 않는 사람은 영원해지는 것이다. 비록 죽어 몸은 사라져도 여전히 도에 머물고 있다면 진정으로 오래 사는 것이라 할 수 있다.

노자의 '도道'는 바로 부족한 듯이 언제나 마음을 비워두는 상태를 말한다.

자신의 능력을 마음껏 발휘하는 지도자가 되려면 무엇보다 나아갈 방향을 찾고 자신에게 주어진 사명을 지켜야 한다. 그러기 위해서는 먼저 자신의 결점을 알고 극복해야만 한다. 그래야만 자신의 특장점을 충분히 발휘할 수 있으며 남의 부족함을 폄하하지 않고 남의 장점을 배울 수 있게 된다.

34

욕심이 없으므로 크게 된다

큰 도道는 왼쪽이나 오른쪽 그 어느 곳으로도 넘쳐흐른다.

만물이 여기에 의지하여 생겨나지만 관여하지는 않고

공을 이루고도 이름을 내세우지 않는다.

만물을 키우고도 그것의 주인이 되지 않으며

언제나 욕심이 없으므로 작다고 말할 수 있지만

만물이 그에게 돌아오지만 그것의 주인이 되지 않으니

크다고 말할 수 있다.

성인은 끝까지 크다고 생각하지 않으니 큰 것을 이룰 수 있다.

大道氾兮 其可左右
대 도 범 혜 기 가 좌 우

萬物恃之而生而不辭 功成不名有
만 물 시 지 이 생 이 불 사 공 성 불 명 유

衣養萬物而不爲主 常無欲 可名於小
의 양 만 물 이 불 위 주 상 무 욕 가 명 어 소

萬物歸焉而不爲主 可名爲大
만 물 귀 언 이 부 위 주 가 명 위 대

是以聖人終不爲大 故能成其大
시 이 성 인 종 불 위 대 고 능 성 기 대

위대한 도道는 왼쪽이나 오른쪽 그 어느 곳으로나 퍼져 나가지 않
는 곳이 없을 만큼 넘쳐흐른다. 세상의 만물은 이처럼 큰 도道에 의
지해 태어나고 자랐지만 도는 그것들에 간섭하지 않는다. 만물을 만
들었으나 그 공을 내세워 만물을 차지하려 하지 않는 것이다. 만물을
키웠지만 다스리려 하지 않는 것이다.
　　도道는 원래 잘 나타나지 않고 욕심 없이 텅 비어 있어 매우 작다

역주

氾兮범혜 : 흘러 넘치다
可左右가좌우 : 좌우 어느 쪽으로도 치우치지 않고 두루 미친다
衣養의양 : 옷을 입히고 기르다

고 할 수도 있다. 하지만 도道의 작용은 끝이 없어 만물을 만들고 기르며 또한 만물을 돌아오게 하지만 주인 노릇을 하지 않으니 크다고 할 수밖에 없다. 그런데도 도는 자기 스스로를 크다고 생각하지 않으니 진실로 위대하다고 할 수 있다.

노자가 말하는 도道는 모든 것을 태어나게 하고 자라게 하고 움직이게 하지만 그런 것을 전부 자기가 이룬 공적이라고 자랑하지 않는다. 도道가 크다는 것은 바로 이런 이유에서이다.

지도자에게 요구되는 품성은 바로 자신을 내세우지 않고 공동체의 발전을 이끌려는 태도이다. 성과를 이루지만 그것을 자신의 공이라 주장하지 않기 때문에 구성원들은 오히려 그를 지지하고 오랫동안 실질적인 성과를 이루어낼 수 있다.

35

도에서 비롯된 말은 담박하다

크나큰 도를 잡고 천하로 나아가면
어디를 가도 해를 입지 않으며 언제나 태평하다.
화려한 음악과 맛있는 음식은 지나가는
나그네의 발길을 멈추게 하지만
도에서 비롯된 말은 담박하여 아무런 맛이 없다.
보아도 볼 수 없으며, 들어도 들을 수 없으며
아무리 사용해도 다함이 없는 것이 바로 도이다.

執大象 天下往 往而不害 安平太
집 대 상   천 하 왕   왕 이 불 해   안 평 태

樂與餌 過客止
악 여 이   과 객 지

道之出口 淡乎其無味
도 지 출 구   담 호 기 무 미

視之不足見 聽之不足聞 用之不足旣
시 지 부 족 견   청 지 부 족 문   용 지 부 족 기

　임금이 큰 도를 지니고 말없는 가르침을 행한다면 천하의 사람들
이 모두 그를 따르게 되어 나라를 운영하는데 어려움을 겪지 않게 된
다. 그가 제시하는 방향과 나아가는 방식이 옳다는 것을 누구나 인정
하고 받아들이기 때문이다.

　화려한 음악은 귀를 기울이게 하고 맛있는 음식은 지나가는 나그
네도 발길을 멈추게 하지만 도에서 비롯된 말은 담박하여 아무런 자
극도 이끌어낼 수 없다. 하지만 아무리 들어도 싫증이 나지 않으며,
아무리 사용해도 없어지지 않는다. 담박한 그 맛이 오래도록 사람들
을 편안하게 하고 행복하게 만들기 때문이다.

역주

大象대상 : 무위자연의 큰 도　　　**樂與餌**악여이 : 음악과 음식

無味무미 : 아무런 맛이 없다　　　**旣**기 : 다하다, 없어지다

112

지도자의 말은 화려하거나 자극적일 필요가 없다. 자연의 이치에 맞게 판단하고 행동한다면 그가 갖추고 있는 도와 덕이 백성들에게 자연스럽게 전달되기 때문이다.

36

펴져 있어야 오므릴 수 있다

오므리고자 하면 반드시 먼저 펴주어야 하고
약하게 하려면 반드시 먼저 강하게 해 주어야 하며
무너뜨리려면 반드시 먼저 일어나게 해 주어야 하며
빼앗으려면 반드시 먼저 주어야 하는데
이것을 일러 미명微明이라고 한다.
부드러움과 약함이 억셈과 강함을 이긴다.
물고기가 연못을 벗어나면 안 되는 것처럼
나라에 이로운 그릇은 함부로 남에게 보여주면 안 된다.

將欲歙之 必固張之 將欲弱之 必固强之
장욕흡지 필고장지 장욕약지 필고강지

將欲廢之 必固興之 將欲奪之 必固與之
장욕폐지 필고흥지 장욕탈지 필고여지

是謂微明
시위미명

柔弱勝剛强
유약승강강

魚不可脫於淵 國之利器 不可以示人
어불가탈어연 국지이기 불가이시인

이 세상의 모든 것은 번성하고 왕성해지면 반드시 시들게 되는데
이것은 변하지 않는 자연의 이치이다. 마찬가지로 오므리고자 하는
것이 있다면 먼저 펴 주어야 하며, 무언가를 약하게 하려면 잠시 그
것을 강하게 만들어야 하고, 무너뜨리고자 한다면 그것을 잠시 흥하
게 해야 하며, 빼앗으려 한다면 그것을 주어야만 한다. 이러한 것을
드러나지 않는 지혜라고 한다.

성인은 세상을 다스릴 때 억세고 강한 것이 아니라 부드럽고 약한

역주

將欲장욕 : 하고자 하는 일   歙흡 : 움츠리다
興흥 : 흥하게 하다, 일어나게 하다   微明미명 : 드러나지 않는 지혜

것으로 한다. 부드럽고 약한 것이 억세고 강한 것을 이기기 때문이다. 물고기가 연못의 물을 벗어나면 살 수 없는 것처럼 나라를 잘 다스릴 수 있는 이로운 그릇을 남에게 먼저 내보여서는 안 된다.

　자연의 이치를 깨우친 지도자라면 반대 세력을 다룰 때 강압적인 방법만을 선택하지 않는다. 산불이 일어나 맹렬하게 타오르면 불길이 나아가는 방향을 잘 파악하여 적절한 곳에서 맞불을 놓아야 큰 불을 진압할 수 있다. 이처럼 세상을 다스리는 일에는 뚜렷하게 드러나지 않지만 자연의 이치에 따른 밝은 지혜가 필요한 것이다.

37

억지로 하지 않지만 못하는 일이 없다

도는 억지로 하는 일은 없지만, 하지 않는 일이 없다.
임금이나 제후가 이것을 지킬 수만 있다면
온갖 것이 저절로 달라진다.
저절로 달라지고 있는데도 욕심을 낸다면,
나는 장차 이것을 이름 없는 통나무로 억누를 것이고,
또한 이름 없는 통나무는 장차 욕심이 없는 경지에
이르게 할 것이며,
욕심이 없어 텅 비게 되면 천하는 저절로 안정될 것이다.

道常無爲 而無不爲

도 상 무 위　이 무 불 위

侯王若能守之 萬物將自化

후 왕 약 능 수 지　만 물 장 자 화

化而欲作 吾將鎭之以 無名之樸

화 이 욕 작　오 장 진 지 이　무 명 지 박

無名之樸 夫亦將無欲

무 명 지 박　부 역 장 무 욕

不欲以靜 天下將自定

불 욕 이 정　천 하 장 자 정

　도는 무엇인가를 일부러 만들거나 꾸미지 않기 때문에 아무것도 하지 않는 것처럼 보일 수도 있다. 하지만 실제로는 이 세상의 모든 것들이 도로 말미암아 생겨나고, 도에 의해 자라나고 있으니 오히려 모든 일을 하는 것이다.

　나라를 다스리는 사람 역시 무엇인가를 억지로 하지 않고 제각기 자기가 갖고 있는 성질대로 나아가도록 한다면 모두 스스로 성장하

역주

無不爲무불위 : 하지 않는 것이 없다　　侯王후왕 : 제후, 왕
鎭진 : 진압하다. 눌러서 진정시키다
無名之樸무명지박 : 이름 없는 통나무. 순수한 도道를 가리킨다

며 완성될 것이다. 그런데 그 과정에서 욕심을 부려 질서를 파괴하는 경우가 생길 수도 있다. 그럴 때 도의 본질인 질박함으로 그런 욕심들을 잠재우면 된다. 통나무처럼 욕심을 제거하여 텅 빈 상태가 되도록 한다면 천하는 저절로 안정될 것이기 때문이다.

노자의 무위無爲는 의도적이고 이기적이며, 부자연스럽고 계산적이어서 위선적인 모든 행위를 하지 않는 것을 말한다. 이런 것이야말로 진정으로 위대한 행동이며 모든 일을 자연스럽게 이루어낼 수 있도록 하는 원동력이 된다.

국가의 통치자는 사회의 발전을 이끄는 주체로서 어느 한 방면에 치우치지 않는 근본적인 변화와 발전을 모색해야 한다. 그것은 자연의 규율에 따르는 철학의 확립에서 비롯된다. 우선 스스로가 자연에 회귀해야 하며, 사리사욕을 앞세워 자연을 방해하거나 파괴해서는 안된다.

자연에 회귀한다는 것은 바로 무욕의 경지에 머무는 것이다. 무욕은 인생의 양약良藥이 되며 사욕은 독毒이 된다.

제 2 부

덕경
德經

38

가벼움에 머무르지 않는다

가장 훌륭한 덕은 억지로 드러내지 않기 때문에 덕이 있는 것이며

가장 낮은 덕은 그것을 잃으려 하지 않기 때문에

덕이 없는 것이다.

가장 훌륭한 덕은 억지로 일을 하지 않으며,

그렇게 할 마음도 없지만

가장 낮은 덕은 억지로 일을 하며, 그렇게 할 마음이 있다.

가장 훌륭한 인仁은 억지로 일을 하지만

억지로 일을 할 마음은 없고

가장 훌륭한 의義는 억지로 일을 하면서

억지로 일을 할 마음이 있다.

가장 훌륭한 예禮는 억지로 일을 하지만

아무도 응해주지 않기에 소매를 걷어 올리고 남을 잡아끈다.

그러므로 도를 잃은 다음에 덕이 나타나고

덕을 잃은 다음에 인이 나타나며

인을 잃은 다음에 의가 나타나고

의를 잃은 다음에 예가 나타난다.

예는 성실함과 믿음이 엷어진 것이며 혼란의 시작이다.

앞일을 내다보는 것은 지혜가 빛나는 일이지만

어리석음의 시작이다.

그러므로 대장부는 두터움을 지키고 가벼움에 머무르지 않으며

열매를 취하고 화려함에 머물지 않는다.

그러므로 저것을 버리고 이것을 취한다.

上德不德 是以有德 下德不失德 是以無德
상덕하덕 시이유덕 하덕불실덕 시이무덕

上德無爲而無以爲 下德爲之而有以爲
상덕무위이무이위 하덕위지이유이위

上仁爲之而無以爲 上義爲之而有以爲
상인위지이무이위 상의위지이유이위

上禮爲之而莫之應 則攘臂而扔之
상례위지이막지응 즉양비이잉지

故失道而後德 失德而後仁 失仁而後義 失義而後禮
고실도이후덕 실덕이후인 실인이후의 실의이후례

夫禮者 忠信之薄 而亂之首 前識者 道之華 而愚之始
부례자 충신지박 이란지수 전식자 도지화 이우지시

是以大丈夫處其厚 不居其薄 處其實 不居其華
시이대장부처기후 불거기박 처기실 불거기화

故去彼取此
고거피취차

역주

無以爲무이위 : 일부러 하지 않는다   扔之잉지: 무리하게 끌어당기는 것

前識전식: 앞으로 일어날 일을 미리 살펴 아는 것

華화: 화려하지만 실속이 없는 것

去彼取此거피취차: 저것실속 없는 예와 지을 버리고, 이것도와 덕을 취하는 것

가장 훌륭한 덕德을 지닌 사람은 자신이 덕을 갖추고 있다고 의식하지 않기 때문에 덕이 있는 것이다. 이와는 반대로 가장 낮은 덕을 갖추고 있는 사람은 그것을 잃지 않으려 하기 때문에 오히려 덕이 없는 것이다. 훌륭한 덕을 지닌 사람은 억지로 일을 꾀하지 않으며 도에 맞추어 살아가기 때문에 하는 행동마다 거침이 없고 자연스럽다. 아무것도 하지 않는 것 같지만 사실은 하지 않는 일이 없다.

가장 훌륭한 인仁을 갖춘 사람은 성실하게 인을 행하며 비록 꾸밈이 있지만 모두를 사랑하는 마음에서 베푼다. 가장 훌륭한 의로움義을 갖춘 사람은 모든 일을 옳고 그름으로 계산하기 때문에 하는 행동마다 꾸밈이 있게 된다. 예禮를 갖춘 사람은 온갖 예를 만들어 그것을 지키도록 널리 권하지만 사람들이 호응을 하지 않게 되면 강제로 따르도록 강요하려 들게 된다.

그래서 도를 잃은 다음에 비로소 덕이 있게 되었고, 덕을 잃은 다음에 인이 있게 되었으며, 인을 잃은 다음에 의가 있게 되었고, 의를 잃은 다음에 비로소 예가 있게 되는 것이다. 특히, 예는 사람들의 마음이 성실하거나 소박해지지 않아 믿음이 엷어질 때 생기는 것이므로 이것이야말로 혼란의 시작이라고 할 수 있다.

미리 알고 먼저 깨달은 사람은 자만에 빠져 교활하게 행동하려는 경향이 있기 때문에 사실은 어리석음의 시작이 될 수 있다. 따라서 도를 깨우친 사람은 진심과 믿음을 간직하고 있을 뿐 예에 집착하지 않는다. 내용을 중시하고 겉모습에 머무르지 않으므로 실속이 없는 예를 버리고 실속이 있는 도와 덕을 취한다.

노자는 이 장에서 도의 가장 중요한 실천덕목이라 할 덕에 대해 설명하고 있다.

새로운 질서를 만들어내고자 하는 지도자의 리더십은 무엇보다 겉치레와 사욕을 갖지 않는 자세에서 비롯된다.

진정으로 도에 따르며 덕을 갖춘 사람은 자연스럽게 무위無爲로서 인人, 의義 예禮, 지智, 충忠, 신信을 갖추었다고 말할 수 있다. 이런 경지에 도달해야만 창의적인 영감에 의한 새로운 질서를 만들어낼 수 있다. 그러므로 지도자는 사욕이 없는 도와 덕을 추구해야 하며 소박하고 돈후한 도를 갖춤으로써 자유롭고 독립적인 정신으로 나라를 다스릴 수 있다.

39

돌처럼 소박해야 한다

처음에 하나를 얻은 것이 있으니,

하늘은 하나를 얻어 맑고, 땅은 하나를 얻어 평안하고,

신은 하나를 얻어 영험하고, 골짜기는 하나를 얻어 물이 가득하며,

만물은 하나를 얻어 생성되고,

임금은 하나를 얻어 세상을 바르게 다스린다.

이 모든 것들이 하나인 도에 이르러 된 것이다.

하늘이 맑지 않으면 찢겨져 내릴 수 있고

땅이 평안하지 않으며 꺼지고 말 것이며

신이 신령스럽지 않다면 영험이 사라지고 말 것이다.

골짜기가 물로 가득 채워지지 않으면 말라 없어질 것이며

만물이 생성되지 않으면 멸망하고 말 것이다.

임금을 바르게 다스리지 못한다면 나라는 기울어질 것이다.

그러므로 귀한 것은 천한 것을 근본으로 하고,

높은 것은 낮은 것을 바탕으로 한다.

그러므로 임금은 스스로 고, 과, 불곡이라 낮추어 말한다.

이것은 천한 것을 근본으로 삼고 있기 때문이 아니겠는가?

그렇지 아니한가?

그러므로 명예롭고자 하면 명예롭지 못하게 되니

옥처럼 귀하게 되기보다 돌처럼 소박해야 한다.

昔之得一者 天得一以淸 地得一以寧

석 지 득 일 자 천 득 일 이 청 지 득 일 이 녕

神得一以靈 谷得一以盈

신 득 일 이 령 곡 득 일 이 영

萬物得一以生 侯王得一以爲天下貞 其致之

만 물 득 일 이 생 후 왕 득 일 이 위 천 하 정 기 치 지

天無以淸 將恐裂 地無以寧 將恐廢

천 무 이 청 장 공 렬 지 무 이 녕 장 공 폐

神無以靈 將恐歇 谷無以盈 將恐竭 萬物無以生 將恐滅

신 무 이 령 장 공 헐 곡 무 이 영 장 공 갈 만 물 무 이 생 장 공 멸

侯王無以貴高 將恐蹶 故貴以賤爲本 高以下爲基

후 왕 무 이 귀 고 장 공 궐 고 귀 이 천 위 본 고 이 하 위 기

是以後王自謂 孤 寡 不穀 此非以賤爲本耶 非乎

시 이 후 왕 자 위 고 과 불 곡 차 비 이 천 위 본 야 비 호

故致數譽無譽 不欲琭琭如玉 珞珞如石

고 치 수 예 무 예 불 욕 록 록 여 옥 낙 락 여 석

昔석 : 시작, 처음　　　　　　　　將恐裂장공렬 : 갈라져 내리다

不穀불곡 : 하찮은 사람　　　　　琭琭如玉록록여옥 : 옥처럼 귀하다

130

하나는 도를 말한다. 즉, 도를 얻게 되면 천지가 맑고 평안하여 인간과 자연이 교감할 수 있게 된다. 골짜기는 비록 비어 있는 것처럼 보이지만 자연의 이치에 따라 언제나 물로 가득 차 있다. 이처럼 도에 의해 만물이 생성하고 발전하니 임금 역시 도를 간직해야 천하를 바르게 다스릴 수 있는 것이다. 만약 천지간의 모든 것이 도를 잃게 된다면, 모든 것이 멸망하게 되니 임금 역시 나라를 지킬 수 없게 된다.

임금은 낮은 곳에 있는 백성을 근본으로 삼아야 하므로 덕을 갖춘 임금이라면 스스로를 낮추어 부르는 것이다. 줄줄이 꿰어놓은 아름다운 보석처럼 귀하게 되기 위해 욕심을 내기보다 땅위를 구르는 돌처럼 소박한 태도로 나라를 이끌어야 한다.

40

유는 무에서 나온다

되돌아가는 것이 도의 움직임이다.
약한 것이 도의 쓰임이다.
이 세상의 모든 것이 유有에서 나오며
유는 무無에서 나온다.

反者 道之動 弱者 道之用
반자 도지동 약자 도지용

天下萬物生於有 有生於無
천하만물생어유 유생어무

도는 어느 한 방향으로만 나아가지 않기 때문에 되돌아가는 것이
도의 움직임이다. 한 톨의 씨앗이 땅에서 썩어 새로운 생명을 싹틔우
는 것과 마찬가지로 세상 만물은 끊임없이 생성과 소멸이라는 되돌
아가는 과정을 반복한다. 그래서 삶과 죽음이 공존하도록 만드는 것
이 도의 움직임인 것이다. 따라서 도는 부드러움과 약함으로 작용한
다. 강한 힘에 의한 급격한 변화는 자연스러운 도의 작용이 아니라
상대적인 가치를 추구하는 인간의 억지스러운 간섭일 뿐이다.

이 세상의 모든 것은 유에서 나오지만 유는 무에서 나온다. 그러므
로 무는 유의 터전이 되는 셈이다. 노자의 철학은 비어 있음虛과 없
음無 그리고 약함을 중시한다.

지도자는 어느 때 움직여야 하고 어느 때 멈추어야 하는지에 대해
그리고 어떻게 사물의 강약동정强弱動靜에 적응할 것인가에 대해 늘

역주

反반 : 돌아가다. 만물이 근본으로 돌아가는 것
弱약 : 다투지 않는 무위자연의 태도
有유 : 상대적으로 존재하는 천하만물
生생 : 어떤 의지가 아니라 자연적으로 만들어지는 것

심사숙고해야 한다.

동정과 유무는 상대적인 인과관계이므로 동일하지 않은 시간적, 공간적 상태에서 어떻게 행동할 것인가에 대한 결정은 반드시 직선적이지 않은 끊임없는 사유를 통해 이끌어내야 한다.

41

큰 그릇은 완성되지 않는 것처럼 보인다

뛰어난 선비는 도를 들으면 힘써 행하고
어중간한 선비는 반쯤은 믿고 반쯤은 의심하며
못난 선비는 크게 비웃는다.
웃음거리가 되지 않는다면 도라 할 수 없으므로
옛부터 이런 말이 전해온다.

'밝은 도는 어두운 것같이 보이고, 나아가는 도는 물러나는 것같이
보이고, 평탄한 도는 우툴두툴하게 보이고, 으뜸가는 덕은 골짜기같
이 보이고, 가장 깨끗한 덕은 더러운 것같이 보이고, 넓은 덕은 부족
한 것같이 보이고, 굳센 덕은 보잘것없어 보이고, 알찬 덕은 쉽게 변
하는 것같이 보이고, 커다란 네모는 모퉁이가 없이 보이고, 큰 그릇
은 완성되지 않은 것처럼 보이고, 큰 음악은 들리지 않는 것 같고, 큰
모습은 모양이 없이 보인다.'

도는 숨어있어 이름이 없지만
도이기 때문에 잘 베풀어주고 잘 이루어준다.

上士聞道 勤而行之 中士聞道 若存若亡 下士聞道 大笑之
상사문도 근이행지 중사문도 약존약망 하사문도 대소지

不笑不足以爲道
불소부족이위도

故建言有之 明道若昧 進道若退 夷道若纇
고건언유지 명도약매 진도약퇴 이도약뢰

上德若谷 大白若辱 廣德若不足 建德若偸 質眞若渝
상덕약곡 대백약욕 광덕약부족 건덕약투 질진약투

大方無隅 大器晚成 大音希聲 大象無形
대방무우 대기만성 대음희성 대상무형

道隱無名 夫唯道 善貸且成
도은무명 부유도 선대차성

볼 수도 없고 들을 수도 없으며 말할 수도 없는 도를 밝히고 실천
하는 일은 참으로 어렵다. 훌륭한 선비는 도를 들으면 금세 깨닫고

역주

若存若亡약존약망 : 반쯤은 믿고 반쯤은 의심하는
大笑之대소지 : 크게 비웃다   昧매 : 어두운
夷道이도 : 평탄한 길   纇뢰 : 맺힌 실, 울퉁불퉁한 것
偸투 : 구차하다   渝투 : 색이 바래다
希聲희성 : 귀로 들을 수 없는 소리
善貸선대 : 천하 만물에게 은혜를 골고루 베풀어준다는 뜻

136

부지런히 실천하지만 평범한 선비는 쉽게 믿어지지 않아 아리송해하게 되고, 어리석은 선비는 허망한 소리라고 크게 비웃는다. 그러니 어리석은 사람에게 비웃음을 당하지 않는다면 도라고 할 수 없을 것이다.

옛부터 이런 말이 전해져 온다. 도는 원래 맑지만 어둡게 보이고, 앞으로 나아가는데 뒤로 물러가는 것처럼 보이고, 평탄한데 우툴두툴하게 보인다. 으뜸가는 덕은 골짜기처럼 천하게 보이고, 깨끗한 것은 더러운 것으로, 넓은 것은 부족한 것으로, 굳센 것은 보잘것없이 보인다. 커다란 네모에는 반드시 모퉁이가 있는데 그 네모가 너무 커서 모퉁이가 없다고 여겨지고, 큰 그릇과 음악 역시 이와 마찬가지이다. 이처럼 도는 언제나 감추어져 있으면서 이름도 없지만 모든 사람한테 잘 베풀어주고 이루어주는 것이다.

도를 따르는 지도자는 결함이 있는 것처럼 보이지만 구체적인 결함이 무엇인지를 딱히 말할 수도 없고 또 무엇을 설명하고 이해시키려 하지 않지만 그 태도만으로 모든 것을 명확하게 보여준다. 평가와 비판, 그리고 찬양과 비난에 휘둘리지 않으며 오로지 실천하는 것으로 성과를 만들어낸다.

42

손해가 이익이 되기도 한다

도는 하나를 낳고, 하나는 둘을 낳으며,

둘은 셋을 낳고, 셋은 만물을 낳는다.

만물은 음陰을 등에 지고 양陽은 껴안아

서로 기氣를 합하여 조화를 이룬다.

사람들은 고아 같다거나 짝이 없다거나,

보잘 것 없다는 말을 싫어하지만

임금들은 그것을 자기의 칭호로 삼는다.

그러므로 사물은 손해가 이익이 되기도 하고

이익이 손해가 되기도 한다.

남들이 가르치는 것을 나 역시 가르치고자 한다.

억세고 사나운 자는 제 명에 죽을 수 없다.

나도 이 말을 가르침의 근본으로 삼으려 한다.

道生一 一生二 二生三 三生萬物
도생일 일생이 이생삼 삼생만물

萬物負陰而抱陽 沖氣以爲和
만물부음이포양 충기이위화

人之所惡 唯孤寡不穀
인지소오 유고과불곡

而王公以爲稱
이왕공이위칭

故物 或損之而益 或益之而損
고물 혹손지이익 혹익지이손

人之所教 我亦教之
인지소교 아역교지

强梁者 不得其死 吾將以爲教父
강량자 부득기사 오장이위교부

역주

二이 : 음과 양
三삼 : 음양의 화합
沖氣충기 : 조화를 이룬 기운
强梁者강량자 : 강한 자. 함부로 강경하게 행동하는 자
不得其死부득기사 : 온전히 죽을 수 없다
教父교부 : 가르침의 근본

세상의 모든 것을 낳고 기르는 도는 텅 비어 있는 무의 상태에서 하나라는 유有가 태어난다. 하나는 둘로 갈라지고 둘은 셋으로 갈라진다. 그렇게 되면 이 세상의 모든 것이 음과 양으로 나뉘게 된다. 음과 양은 서로의 기를 합하여 조화를 이루며 번성해 나간다.

사람들은 고아孤, 짝 잃은 외톨이寡, 보잘 것 없다不穀와 같은 말들을 매우 싫어하지만, 나라를 다스리는 임금들은 오히려 자신을 가리킬 때 이 말을 사용한다. 표면상으로 볼 때 이런 말을 쓰면 당장은 손해 보는 것처럼 보이지만 사실은 이익이 된다. 이미 존귀한 지위에 올라 있는 임금이 스스로를 낮추어 조화로움을 얻는 것이기 때문이다. 임금은 이런 이치를 알기 때문에 당장에 손해를 보더라도 이런 호칭을 쓰는 것이다.

주나라에 이런 말이 있다. '억세고 사나운 사람은 제 명에 죽을 수 없다.' 옛날 사람들은 이 말로 남을 가르쳤는데 나도 이 말로 가르치고자 한다. 동시에 이 말을 남을 가르치는 근본으로 삼고자 한다.

노자는 이 장에서 도道에 의해 이 세상의 모든 것이 만들어지는 과정을 설명하면서 조화로운 삶의 의미를 전하고 있다.

세상의 만물에는 자연의 이치에 따라 음陰과 양陽의 상반된 성질이 동시에 존재한다. 드러나 있는 것과 잠복되어 있는 이 두 가지 상태의 균형을 인위적으로 깨뜨리면 그로 인한 폐해가 나타난다. 지도자는 이러한 자연의 이치에 따라 균형자의 역할을 수행해야 하며 자신의 성정에 따른 균형 파괴는 파국을 불러온다.

43

부드러운 것이 강한 것을 이긴다

세상에서 가장 부드러운 것이 가장 강한 것을 부린다.

형체가 없기 때문에 틈이 없는 곳에도 들어간다.

그래서 나는 무위의 이로움을 알고 있다.

말없는 가르침과 무위의 유익함에 미칠만한 것은 세상에 드물다.

天下之至柔　馳騁天下之至堅
천 하 지 지 유　치 빙 천 하 지 지 견

無有入無間
무 유 입 무 간

吾是以知　無爲之有益
오 시 이 지　무 위 지 유 익

不言之敎　無爲之益　天下希及之
불 언 지 교　무 위 지 익　천 하 희 급 지

　　세상에서 가장 부드러운 것은 물이지만 가장 단단한 바위를 부릴
수 있다. 형체가 없기 때문에 가장 약해 보일 수도 있지만, 오히려 그
렇기 때문에 털끝만큼의 틈새만 있어도 바위 속 구석구석으로 스며
들어갈 수 있다. 그래서 무위가 유위보다 더 뛰어난 것이다. 부드러
운 도는 제아무리 굳건한 고정관념일지라도 쉽사리 제압할 수 있다.
하지만 말없는 가르침인 무위로 얻을 수 있는 이점들을 이해하는 사
람은 아주 드물며 그것을 실천하는 자도 매우 적다.
　　노자는 이 세상에서 물보다 더 부드럽고 여린 것은 없지만 단단한

역주

至柔지유: 지극히 부드러운 것, 즉 물을 가리킨다
馳騁치빙: 말을 달리다, 돌진하다
至堅지견 : 지극히 단단한 바위와 같은 것
無間무간 : 빈틈이 없는 곳

142

바위를 마음대로 다루는 것처럼 도를 따르면 이루지 못할 것이 없음을 강조하고 있다.

올바른 덕을 갖추지 못한 채 강한 세력을 차지하게 된 사람은 일시적으로 부분적인 이익은 얻을 수 있겠지만 궁극적으로는 그것을 잃게 된다.

지도자는 자신에게 주어진 막강한 권력이 사실은 가장 약하게 보이는 국민들로부터 위임된 것이라는 사실을 명확하게 인식하고 있어야 한다. 권력이 자신이 만든 것이라는 착각을 하는 순간 지도자는 물처럼 도도히 흘러 스며드는 국민들의 힘에 의해 권좌에서 물러나게 된다는 것은 역사적인 사실로 증명되어 있다.

44

욕심을 버리면 더 많은 것을 얻는다

명예와 생명 중 어느 것이 더 소중한가?

나의 몸과 재산 중 어느 것이 더 중요한가?

얻음과 잃음 중 어느 것이 더 걱정스러운가?

그러므로 무엇이든 지나치게 좋아하면 그만큼 낭비가 심하고

너무 많이 쌓아두길 좋아하면 그만큼 크게 잃게 된다.

만족할 줄 알면 부끄러움을 당하지 않고

멈출 줄 알면 위태롭지 않으니

영원히 편안하게 살 수 있을 것이다.

名與身孰親 身與貨孰多 得與亡孰病

명 여 신 숙 친　신 여 화 숙 다　득 여 망 숙 병

是故甚愛必大費 多藏必厚亡

시 고 심 애 필 대 비　다 장 필 후 망

知足不辱 知止不殆 可以長久

지 족 불 욕　지 지 불 태　가 이 장 구

　명예를 얻는 것과 내 생명을 지키는 것 중에 어느 쪽이 나에게 더
절실한 문제인가? 내 몸을 지키는 것과 내 재산을 지키는 것 중에 어
느 쪽이 나에게 더 중요한 문제인가? 명예와 이익을 얻는 것과 내 생
명을 잃는 것 중에 어느 쪽이 나에게 더 큰 해를 입힐 것인가?

　무엇이든 지나치게 좋아하면 반드시 많은 손실을 입게 되며, 재산
을 많이 모아두면 둘수록 그만큼 크게 잃게 된다. 마음으로 만족할
줄 알면 피해를 입거나 모욕을 당하지 않으며, 적당히 그칠 줄 알면
위태로운 처지에 빠지지 않으므로 몸과 마음 모두 편안하게 살 수 있
을 것이다.

역주

名명 : 세속적인 명예

親친 : 절실하다

多다 : 가치 있다

厚亡후망 : 잃는 것이 많다

知止지지 : 멈출 곳을 아는 것

노자는 여기에서 일시적인 재물을 가볍게 여기고 영원한 생명을 중요하게 생각해야 한다는 것을 강조하고 있다.

　　만물의 근본이 되는 생명은 우주의 주체로서 그 어떤 명리와 재물과 비교할 수 없다. 그러므로 지도자는 생명을 핵심적인 위치에 놓아두어야 한다는 것을 잊어서는 안된다. 하지만 사람들은 항상 명리로 인해 자신의 생명을 해친다. 명리는 다만 생명을 위한 도구일 뿐이라는 사실을 잊어서는 안된다.

45

완성된 것은 부족한 듯이 보인다

크게 완성된 것은 덜 되어 있는 것 같지만
아무리 사용해도 부서지지 않으며
가장 알찬 것은 비어 있는 듯하지만
아무리 사용해도 그 끝이 없다.
아주 곧은 것은 굽은 듯이 보이고
아주 훌륭한 솜씨는 서툰 듯이 보이고
뛰어난 말솜씨는 어눌한 듯이 들린다.
분주한 움직임은 추위를 누르고
고요함은 더위를 이길 수 있다.
맑고 고요해야 세상이 바르게 된다.

大成若缺 其用不弊 大盈若沖 其用不窮
대성약결 기용불폐 대영약충 기용불궁

大直若屈 大巧若拙 大辯若訥
대직약굴 대교약졸 대변약눌

躁勝寒 靜勝熱
조승한 정승열

淸靜爲天下正
청정위천하정

가장 완전하며 가장 알찬 것이 바로 도이지만 평범한 사람의 눈으로 보면 그것은 흠이 있거나 비어 있는 것처럼 보인다. 겉으로 보기에 굽은 것처럼 보이고 서툴고 어눌하게 보이는 도는 사실 그와는 정반대로 가장 올곧고 훌륭하다. 대기 중의 공기는 가득 차 있어서 없는 것처럼 보인다. 하지만 도는 공기와 마찬가지로 아무리 써도 고갈되지 않는다. 그래서 넘칠듯이 차 있는 도는 빈 것같이 보이는 것이다. 또한 눈에 보이지도 않고, 귀로 들을 수도 없기 때문에 아무것도 없는 듯하지만 도의 작용이 미치지 않는 곳은 없고 멈추는 적도 없

역주

大成대성 : 완전하게 이루어진 것   拙졸 : 서투르다
躁조 : 부산하게 움직임   靜정 : 흔들림 없이 고요함을 유지하는 상태
正정 : 올바른 것

다. 이처럼 맑고 고요한 무위의 도를 지키는 사람이 세상을 바르게 이끌고 세상 사람들의 본보기가 되는 것이다.

이 장에서 노자가 말하는 '크다'는 '위대하다, 무한하다'의 뜻을 담고 있는 '도道'를 지칭하는 것이다.

지도자는 남들의 눈에 확연하게 드러나는 일들이거나, 완전함을 추구하지 않아야 한다. 자기를 꾸미지 않으며 침착하고 태연하게 주어진 과제에 복무하면 사회를 화목하고 편안하게 이끌 수 있다. 그러한 태도 자체가 사회의 역동성을 만들어내는 거대한 에너지인 것이다.

46

만족할 줄 알아야 한다

세상에 도가 있으면 잘 달리는 말도 똥수레를 끌지만
세상에 도가 없다면 군마가 되어 전쟁터에서 새끼를 낳게 된다.
만족할 줄 모르는 것보다 더 큰 화는 없으며
얻겠다는 탐욕보다 더 큰 죄는 없다.
그러므로 만족할 줄 아는 경지에 오르면
늘 만족하며 또 영원히 만족한다.

天下有道 却走馬以糞 天下無道 戎馬生於郊
천 하 유 도 각 주 마 이 분 천 하 무 도 융 마 생 어 교

禍莫大於不知足 咎莫大於欲得
화 막 대 어 부 지 족 구 막 대 어 욕 득

故知足之足 常足矣
고 지 족 지 족 상 족 의

　세상에 도가 있으면 남의 것을 빼앗기 위한 전쟁이 일어나지 않는다. 그래서 전쟁이 없는 평화로운 시기가 오래 지속되면 뛰어난 군마들도 모두 농사짓는 데 이용하게 되어 똥수레를 끌고 밭을 간다. 반면에 세상에 도가 사라지면 천하가 어지러워져 전쟁이 끊이지 않을 것이므로 새끼를 밴 암컷까지 전쟁터의 군마로 끌려가고 전쟁터에서 새끼를 낳게 된다. 이런 비참한 전쟁은 만족할 줄 모르는 마음 때문에 일어나는 것이다.

　이미 충분히 갖고 있으면서 더 많은 것을 가지려 하면서 만족할 줄 모르는 것보다 더 큰 불행은 없다. 또한 자신에게 부족한 것을 남의 것을 빼앗아 채우려는 탐욕스러운 마음보다 더 큰 죄는 없다. 만

역주

走馬주마 : 잘 달리는 말　　　　戎용 : 무기, 병기
莫大於막대어 : ~보다 더 큰 것은 없다　　欲得욕득 : 갖겠다는 욕심
知足지족 : 만족할 줄 알다

족할 줄 안다면 남의 것에 욕심을 부리지 않게 될 것이므로 전쟁의 위험도 없다. 그러므로 불행한 상황에 빠져들지도 않을 것이며 잘못을 저지를 기회도 사라지게 된다. 남의 것을 탐내지 않고 만족할 수 있다면 나의 삶은 언제나 여유롭고 편안하게 된다.

47

억지로 하지 않으면 이룰 수 있다

문밖을 나가지 않아도 세상을 알 수 있고
창밖을 엿보지 않아도 하늘의 도를 다 안다.
멀리 나갈수록 아는 것이 적어진다.
그러므로 성인은 나가지 않고도 알 수 있고
보지 않고도 분명히 알 수 있으며
하지 않아도 이룰 수 있다.

不出戶 知天下 不窺牖 見天道

불출호 지천하 불규유 견천도

其出彌遠 其知彌少

기출미원 기지미소

是以聖人 不行而知 不見而名 不爲而成

시이성인 불행이지 불견이명 불위이성

도를 깨우친 성인은 굳이 문밖을 나가지 않아도 이 세상에서 벌어지는 모든 일들을 알 수 있다. 창틈으로 밖을 내다보지 않아도 하늘이 어떻게 움직이는지 그 이치를 알 수 있다. 무엇인가를 알려고 멀리 나가면 나갈수록 실제로는 더 모르게 되는 법이다. 성인은 이 세상의 모든 것이 생겨나고 자라고 완성되는 법칙을 알고 있기 때문에 구태여 집을 나설 필요가 없는 것이다. 그러므로 성인은 가지 않고도 알며 보지 않고도 이름 지을 수 있으며 하지 않아도 이룰 수 있는 것이다.

노자는 이 장에서도 도道를 깨우치면 만사를 이룰 수 있다는 것을 강조하고 있다. 모든 일에는 법칙이 있으며 모든 것에는 이치가 있기 때문에 그 법칙과 이치를 알면 이 세상의 모든 것을 명확하게 알 수 있다는 것이다.

역주

天道천도 : 하늘의 원리

窺牖규유 : 남쪽으로 난 창을 통해 엿보다

彌遠미원 : 멀리 가면 갈수록

彌少미소 : 더욱 더 적어진다

48

덜어내고 또 덜어내는 것

배움은 날마다 쌓아올리는 것이지만,
도는 날마다 덜어내는 것이다.
덜어내고 또 덜어내면 무위에 이르게 되며,
무위에 이르면 못하는 일이 없게 된다.
천하는 마땅히 무위로 다스려야 하며,
만약 유위로 한다면 제대로 다스릴 수 없다.

爲學日益 爲道日損

위 학 일 익 위 도 일 손

損之又損 以至於無爲

손 지 우 손 이 지 어 무 위

無爲而無不爲

무 위 이 무 불 위

取天下 常以無事 及其有事 不足以取天下

취 천 하 상 이 무 사 급 기 유 사 부 족 이 취 천 하

　배움만을 추구하는 사람은 날마다 쌓이는 지식과 더불어 욕심이
늘어나게 된다. 그러나 이와는 반대로 도를 실천하면 날마다 그 지식
과 더불어 욕심이 줄어든다. 줄어들고 또 줄어들다 보면 결국 무위
의 경지에 들어서게 되며, 이러한 무위의 경지에서 세상을 다스린다
면 못하는 일이 없다. 인위적으로 무엇인가를 이루려는 헛된 생각을
버리는 것이 도를 따르는 일이다. 그러므로 세상을 다스릴 때는 무위
로 해야 하는데 만약 억지로 일을 만들어 실행한다면 세상을 제대로
다스릴 수 없게 된다. 하지만 무위의 경지에 도달하게 된다면 못하는

역주

爲學日益위학일익 : 배움은 배울수록 쌓는 것
爲道日損위도일손 : 도는 매일매일 덜어내는 것
有事유사 : 억지로 무언가를 하려는 것
取天下취천하 : 천하를 다스린다.

일이 없게 된다.

노자는 배움 자체가 사람을 간교하게 만들고 욕심쟁이가 되도록 만든다고 생각했다. 그래서 한결같이 태고의 순박함으로 돌아가 적절하게 만족할 줄 아는 소박하고도 겸허한 삶을 중요하게 생각했다.

나라를 다스리는데 있어 무엇보다 중요한 일은 바로 자아수련을 통해 사욕을 줄이고 대중을 위해 복무하는 것이다. 만약 사욕에서 비롯된 일을 꾸미게 되면 그 어떤 큰일도 해낼 수 없으며 국가를 위기에 빠뜨리게 된다.

49

선하지 않은 사람도 선하게 대한다

성인에게는 고정된 마음이 없으며,

백성들의 마음을 자신의 마음으로 삼는다.

선한 사람에게는 선하게 대하고

선하지 않은 사람에게도 선하게 대하며

그렇게 해서 모두에게 선이 이루어지도록 한다.

미더운 사람은 미덥게 대하고,

미덥지 못한 사람도 미덥게 대하며

그렇게 해서 모두가 미덥게 되도록 한다.

성인은 세상 사람들을 대할 때에는 있는 그대로 받아들이고

세상을 다스릴 때에는 그 마음을 소박하게 한다.

백성들은 눈과 귀를 성인에게 집중하고

성인은 그들을 어린아이처럼 만든다.

聖人無常心 以百姓心爲心
성인무상심 이백성심위심

善者 吾善之 不善者 吾亦善之 德善矣
선자 오선지 불선자 오역선지 덕선의

信者 吾信之 不信者 吾亦信之 德信矣
신자 오신지 불신자 오역신지 덕신의

聖人在天下 歙歙爲天下渾其心
성인재천하 흡흡위천하혼기심

百姓皆注其耳目 聖人皆孩之
백성개주기이목 성인개해지

성인에게는 고정관념이거나 독단에 의한 선입견이 없다. 그러므로 백성들의 마음을 소중하게 여겨 백성들의 마음을 자기의 마음으로 삼아 세상을 다스린다.

선한 사람이든, 선하지 않은 사람이든 한결같이 선하게 대하여 모두가 선한 사람이 되도록 한다. 미더운 사람이든 미덥지 못한 사람이든 한결같이 미덥게 대하여 모두가 미더운 사람이 되도록 한다. 이와

역주

常心상심 : 일정하게 고정된 마음   德善덕선 : 선함을 얻게 하다
德信덕신 : 믿음을 얻게 하다   歙歙흡흡 : 모든 것을 받아들이다
渾혼 : 혼연일체   孩해 : 어린아이

같이 성인은 세상사람들을 대할 때 선입견이 없이 있는 그대로 동등하게 받아들인다. 그러므로 자신에게 잘하면 우대하고 반대하면 내치는 일 없이 욕심이 없는 소박한 마음으로 세상을 다스린다. 이기적인 가치관이나 자기중심적인 판단으로 백성을 편가르지 않는다.

그래서 백성들은 오로지 성인만을 바라보고 그의 말에 귀를 기울이게 되며, 그로 인해 백성들은 순진하고 소박한 어린아이의 상태가 된다.

노자의 무상심無常心은 사사로운 자기 마음을 없애고 또 없애는 것이다. 만약 지도자가 개인적인 명리를 위해 다툰다면 그가 이끄는 공동체는 사사로운 이익의 추구를 당연한 것으로 받아들이게 된다. 그리하여 공동선을 추구하지 않고 편향된 가치판단을 앞세우게 되며 그 사회는 끊임없는 분쟁에 휩싸이게 된다. 편향된 선입관 없이 서로가 서로를 인정하는 공동체를 만들기 위해 지도자는 도와 덕을 추구하여 더불어 함께 살아가는 사회를 지향해야 한다.

50

죽을 자리가 없어야 한다

태어나고 죽는데 있어

생명의 무리는 열에 셋이고 죽음의 무리도 열에 셋이며

살려고 하지만 죽음으로 가는 자도 열에 셋이다.

왜 그런가? 살고 또 살려고만 하기 때문이다.

듣건대 섭생을 잘 하는 사람은

길에서도 코뿔소나 호랑이를 만나지 않고

군대에 가서도 무기로부터 피해를 입지 않는다.

코뿔소는 그 뿔로 받을 곳이 없고

호랑이는 그 발톱으로 할퀼 곳이 없으며

무기가 파고들 곳이 없다.

왜 그런가? 그에게는 죽을 자리가 없기 때문이다.

出生入死 生之徒 十有三 死之徒 十有三

출생입사 생지도 십유삼 사지도 십유삼

人之生 動之死地 亦十有三

인지생 동지사지 역십유삼

夫何故 以其生生之厚

부하고 이기생생지후

蓋聞善攝生者 陸行不遇兕虎 入軍不被甲兵

개문선섭생자 육행불우시호 입군불피갑병

兕無所投其角 虎無所措其爪 兵無所容其刃

시무소투기각 호무소조기조 병무소용기인

夫何故 以其無死地

부하고 이기무사지

세상에 태어나 자신에게 주어진 명대로 살 수 있는 사람은 열 명 중 세 명이고 제명대로 살지 못하고 죽는 사람도 열 명 중 세 명이다. 살기 위해 온갖 노력을 다하지만 도리어 죽음의 길로 들어서는 사람

역주

生之徒생지도 : 자연의 수명을 다하는 사람들
生生之厚생생지후 : 억지로 살려고만 하는 것
兕시 : 코뿔소
甲兵갑병 : 병장기
爪조 : 손톱, 발톱

도 열 명 중 셋이다. 이것은 무슨 까닭일까? 욕심을 내고 사치를 부리며 잘 살아보려고 지나치게 집착하기 때문이다. 듣건대 자기 몸과 마음을 잘 다스리는 사람은 어디를 다닌다 해도 코뿔소나 호랑이로부터 공격을 당하지 않는다. 군대에 들어가 전쟁에 참여해도 무기에 찔려 상처를 입거나 죽지 않는다.

코뿔소는 사납지만 그런 사람에게 자기 뿔을 들이밀 수가 없고 호랑이 역시 사납지만 그런 사람에게 발톱을 쓸 수가 없다. 무기가 비록 날카롭지만 그런 사람에게 칼날을 내리칠 수가 없다. 이것은 또 무슨 까닭일까? 자기 몸과 마음을 잘 다스리는 사람은 죽음을 의식하지 않기 때문이다. 전쟁에 나간 장수가 자기만은 살아야겠다고 한다면 도리어 전쟁에도 패하고 죽음으로 내몰리게 되는 것과 같다.

삶과 죽음에 매달리지 않고, 자연의 이치에 따라 욕심을 부리지 않는다면 주어진 삶을 마음껏 누리고 살 수 있다. 생사를 뛰어넘어 오직 자연의 법도를 따르고 지킨다면 오히려 평안하게 살 수 있는 것이다.

51

모든 것을 만들고 기르는 것

도는 만물을 낳고 덕은 만물을 기르며

음양은 만물을 만들고 자연의 힘은 만물을 자라게 한다.

그러므로 만물은 도를 존중하고

덕을 존귀하게 여기지 않음이 없으며

도가 높고 덕이 귀한 것은 시키지 않아도

저절로 그렇게 되기 때문에

도는 만물을 낳고 덕은 만물을 기른다.

만물을 키우고 돌보며 자라게 하고 익게 하며

감싸며 어루만져 준다.

낳고도 가지려 하지 않고 만들고도 뽐내지 않으며

키우고도 지배하지 않는다.

이것을 현덕玄德이라고 한다.

道生之 德畜之 物形之 勢成之
도생지 덕축지 물형지 세성지

是以萬物 莫不尊道而貴德
시이만물 막부존도이귀덕

道之尊 德之貴 夫莫之命而常自然
도지존 덕지귀 부막지명이상자연

故道生之 德畜之 長之 育之 亭之 毒之 養之 覆之
고도생지 덕축지 장지 육지 정지 독지 양지 복지

生而不有 爲而不恃 長而不宰 是謂元德
생이불유 위이불시 장이부재 시위원덕

도는 이 세상의 모든 것을 낳고 덕은 모든 것을 기른다. 음과 양의
두 기운은 이 세상의 모든 것을 만들고 자연의 힘은 이 세상의 모든
것을 자라게 한다. 그러므로 도와 덕이야말로 모든 것을 만드는 근본
이기 때문에 이 세상의 모든 것들은 도를 존경하고 덕을 귀하게 생각
하지 않을 수 없는 것이다.

도가 존경을 받고 덕이 귀하게 여겨지는 까닭은 도와 덕이 이 세
상의 모든 것을 낳고도 자연에 내맡겨 빠짐없이 성장할 수 있게 해주
기 때문이다. 그래서 도와 덕은 모든 것을 키우고 돌보고 자라게 하
고 익게 하며 감싸고 어루만져 준다. 모든 것을 낳고도 자기 것이라
고 가지려 들지 않고 키우고도 그것을 좌지우지하지 않기 때문에 이
것을 깊고도 오묘한 덕이라고 한다.

52

욕심의 입을 막는 것

천하에는 처음이 있으니 그것이 천하의 어머니다.

이미 그 어머니를 알면 그 아들을 알 수 있고,

이미 그 아들을 안다면 다시 그 어머니를 지킬 수 있으니

평생토록 위태롭지 않다.

욕심의 입을 막고 욕심의 문을 닫으면 평생토록 근심 걱정이 없다.

욕심의 입을 열고 욕심을 채우고자 한다면

평생토록 구제받을 수 없다.

희미해서 잘 보이지 않는 것을 볼 수 있어야

참으로 밝다 할 수 있고

부드럽고 약한 것을 지킬 수 있어야 참으로 강하다 할 수 있다.

빛을 이용해 밝음으로 되돌아가면 몸에 재앙이 남는 일이 없으니

이것이야말로 도의 영원함을 배우는 것이다.

天下有始 以爲天下母

천 하 유 시   이 위 천 하 모

旣得其母 以知其子 旣知其子 復守其母 沒身不殆

기 득 기 모   이 지 기 자   기 지 기 자   복 수 기 모   몰 신 불 태

塞其兌 閉其門 終身不勤

색 기 태   폐 기 문   종 신 불 근

開其兌 濟其事 終身不救

개 기 태   제 기 사   종 신 불 구

見小曰明 守柔曰强

견 소 왈 명   수 유 왈 강

用其光 復歸其明 無遺身殃 是爲襲常

용 기 광   복 귀 기 명   무 유 신 앙   시 위 습 상

천지 만물의 근원은 바로 도이다. 도는 천지만물을 만들어낼 수 있
기 때문에 그것들의 어머니인 것이다. 천지만물의 어머니인 도를 알
게 되면 어머니가 낳은 천지만물을 알 수 있게 되고 천지만물을 알
수 있으면 어머니인 도를 가질 수 있으니 평생토록 위태로운 일에 빠

역주

母모: 근본, 근원
兌태 : 구멍[穴]
襲常습상 : 항상 도의 영원함을 따른다

지지 않게 된다. 사람의 눈, 코, 입, 귀에서 비롯된 욕심을 버리면 평생토록 근심하고 걱정하는 일이 없으나, 반대로 욕심을 부린다면 평생토록 구제받을 수 없는 상태에 머물게 된다.

도는 아주 희미해서 인간의 오감으로는 잘 파악할 수 없지만 이것을 제대로 알 수 있어야 참으로 현명하다 할 수 있다. 도는 물처럼 아주 부드럽고 약하지만 이것을 제대로 지켜내야 참으로 강하다고 할 수 있다. 그러니 지혜의 빛을 이용해 도의 참된 밝음으로 되돌아갈 수 있다면 내 몸에 재앙이 들어오는 일이 없으니 이것이야말로 영원한 도를 배우는 방법이다.

지도자가 되려는 사람은 무엇보다 모든 일의 근원인 '도'를 추구하여 깨달아야 한다. 일단 도와 일체가 되면 일생동안 변함이 없이 자신의 나아갈 방향에 대해 의문을 갖지 않으며 달리 생각하지 않는다.

뿐만 아니라 도의 경지에 들어서게 되면 공명정대한 것을 판단할 수 있어 사욕을 부리지 않게 되므로 생명 본연의 가치를 위험에 빠뜨리지 않을 수 있게 된다.

53

사람들은 샛길을 좋아한다

나에게 조금이라도 아는 것이 있다면
대도大道를 행할 때 작위적인 것만은 두려워해야 한다는 것이다.
큰길은 매우 평탄하지만 사람들은 샛길을 좋아한다.
왕궁은 잘 정리되어 있지만 밭은 지극히 황폐하고
창고는 텅텅 비었는데 비단옷을 걸쳐 입고
칼을 차고 음식은 질리도록 먹으며 재물은 남아돈다.
이것은 도둑질을 자랑하는 것이니, 도가 아닌 것이다!

使我介然有知 行於大道 唯施是畏

사 아 개 연 유 지   행 어 대 도   유 시 시 외

大道甚夷 而民好徑

대 도 심 이   이 민 호 경

朝甚除 田甚蕪 倉甚虛

조 심 제   전 심 무   창 심 허

服文綵 帶利劍 厭飮食 財貨有餘

복 문 채   대 리 검   염 음 식   재 화 유 여

是謂盜夸 非道也哉

시 위 도 과   비 도 야 재

나에게 큰 도를 행할 겨자씨만한 지혜가 있다면 무엇이든 억지로
하는 것이 있는가를 경계해야 한다. 큰 도의 길은 평평하여 아주 안
전하고 편안하다. 그러나 보통 사람들은 그 길을 내버려 두고 일부러
샛길로 빠지려고 한다. 더 빠르고 쉽게 목적지에 갈 수 있다고 생각
하기 때문이다. 더구나 나라를 다스리는 통치자가 아주 부패하여 백
성들의 논과 밭은 황폐해져 있고 곡식 창고는 텅 비어 굶주리고 있
다. 그런데도 화려한 비단 옷이나 걸치고 날카로운 칼이나 차고 맛있

역주

介然개연 : 조그마한   徑경 : 지름길

厭염 : 싫어하다   夸과 : 자랑하다

170

는 음식에 물리고 재산이 남아돌아가고 있다. 이러한 것들이 함께 잘 살 수 있는 큰 길을 버리고 나만 잘 살면 된다는 생각으로 샛길을 선택한 사람들의 행태인 것이다. 한 국가를 운영하는 사람들이 이러한 행태를 벌인다면 백성들의 것을 빼앗아 자신의 잇속만을 차리려는 좀도둑의 심보가 아니고 무엇이겠는가? 하늘의 뜻을 거스르고 사람들을 두려워하지 않는 것은 도가 아닌 것이다.

54

내 몸으로 남의 몸을 보는 것

잘 세운 덕은 뽑히지 않으며 잘 간직된 도는 빠져나가지 않는다.

이렇게 한다면 자손들이 제사를 그치지 않을 것이다.

이러한 도로 내 몸을 닦으면 그 덕은 반드시 참되고

이러한 도로 집을 닦으면 그 덕은 반드시 넘치고

이러한 도로 고을을 다스리면 그 덕이 영원히 전해지고

이러한 도로 나라를 다스리면 그 덕이 풍성해지고

이러한 도로 천하를 다스리면 그 덕은 넓게 퍼져나간다.

그러므로 내 몸으로 남의 몸을 보고, 내 집으로 남의 집을 보며,

내 고을로 남의 고을을 보며, 내 나라로 남의 나라를 보고,

지금의 천하로 과거와 미래의 천하를 보아야 한다.

내가 무엇으로 모든 천하가 그렇다는 것을 알 수 있겠는가?

바로 이러한 이치를 통해서이다.

善建者不拔 善抱者不脫

선 건 자 불 발 선 포 자 불 탈

子孫以祭祀不輟

자 손 이 제 사 불 철

修之於身 其德乃眞 修之於家 其德乃餘 修之於鄕 其德乃長

수 지 어 신 기 덕 내 진 수 지 어 가 기 덕 내 여 수 지 어 향 기 덕 내 장

修之於邦 其德乃豊 修之於天下 其德乃普

수 지 어 방 기 덕 내 풍 수 지 어 천 하 기 덕 내 보

故以身觀身 以家觀家 以鄕觀鄕 以邦觀邦 以天下觀天下

고 이 신 관 신 이 가 관 가 이 향 관 향 이 방 관 방 이 천 하 관 천 하

吾何以知天下然哉 以此

오 하 이 지 천 하 연 재 이 차

덕을 제대로 세우고 도를 잘 간직한다면 영원히 누군가에게 빼앗기지도 않을 것이며 근본에 어긋나지도 않을 것이다. 그뿐 아니라 복과 덕이 갖추어져 자손대대로 번창하게 되므로 조상에 대한 제사가 끊이지 않게 된다.

역주

不拔불발 : 뽑히지 않다

不脫불탈 : 빠져나가는 법이 없다

輟철 : 끊어지지 않다

以此이차 : 위에서 말한 이치로 이 세상의 일을 알 수 있다는 뜻

이러한 도로 나의 몸을 닦게 되면 그 덕은 반드시 참될 것이며, 집을 닦으면 행복으로 넘치고 고을을 다스리면 풍요롭게 되며 천하를 다스리면 그 덕이 어디에나 두루 미치게 된다. 그러므로 도와 덕을 닦은 나의 몸, 나의 집, 나의 고을, 나의 나라, 천하로 남의 몸, 남의 집, 남의 고을, 남의 나라와 천하를 살펴야 한다. 도와 덕을 갖춘다면 천하의 이치를 분명하게 알 수 있기 때문이다.

노자는 도와 덕을 잘 세우고 지키게 되면 백성들이 조상의 음덕을 기리는 제사를 정성껏 지낼 수 있을 만큼 풍요롭게 살 수 있게 된다는 것을 강조하고 있다.

지도자의 품성은 자아수련의 과정을 통해 사유, 언행, 의지가 형성되며, 수련의 내용은 진실된 자신과 생명 자체의 사명을 찾는 것이어야 한다. 확고하게 높은 경계의 의식을 갖춘 지도자는 사람마다 우러러 보고 서로 따르려 하므로 가족, 마을, 국가, 천하 모두가 그로 인한 이익을 두루 누리게 된다.

55

갓난아기는 하루 종일 울어도 목이 쉬지 않는다

두터운 덕을 갖춘 사람은 갓난아이에 견줄 수 있다.

독벌레가 쏘지 않고 사나운 짐승이 해치지 못하며

사나운 새도 할퀴지 못한다.

뼈는 약하고 근육은 부드러워도 손아귀의 힘은 강하다.

아직 암컷과 수컷의 결합을 모르는데도

온전히 일으키는 것은 순수한 기운이 꽉 차 있기 때문이다.

하루 종일 울어도 목이 쉬지 않는 것은

음과 양이 완전하게 조화를 이루기 때문이다.

조화를 이루는 것을 참이라 하고 참을 아는 것을 밝음이라 하며

억지로 더 살고자 하는 것을 재앙이라고 하고

마음으로 욕심을 부리는 것을 억지라고 한다.

만물은 크고 강해지면 곧 쇠약해진다.

도에 어긋나면 일찍 망하는 법이다.

含德之厚 比於赤子

함 덕 지 후 비 어 적 자

蜂蠆虺蛇不螫 猛獸不據 攫鳥不搏

봉 채 훼 사 불 석 맹 수 불 거 확 조 불 박

骨弱筋柔而握固 未知牝牡之合而朘作 精之至也

골 약 근 유 이 악 고 미 지 빈 모 지 합 이 최 작 정 지 지 야

終日號而不嗄 和之至也

종 일 호 이 불 사 화 지 지 야

知和曰常 知常曰明

지 화 왈 상 지 상 왈 명

益生曰祥 心使氣曰强

익 생 왈 상 심 사 기 왈 강

物壯則老 謂之不道 不道早已

물 장 즉 로 위 지 불 도 불 도 조 이

덕이 깊은 사람은 갓 태어난 아기와도 같다. 갓난아기는 천진하고
순수하며 무엇인가 억지로 하려는 마음이 없으며 욕심도 없다. 그렇

역주

赤子적자 : 갓난아기

虺훼 : 살무사, 독사

牝牡빈모 : 암컷과 수컷

朘최 : 갓난아기의 음부

蠆채 : 전갈

螫석 : 쏘다, 벌레가 쏘다

嗄사 : 목이 막히다, 울어서 목이 쉬다

176

기 때문에 독벌레가 쏘지를 않으며 사나운 짐승은 해치지 않으며 사나운 새도 할퀴지 않는다. 또한 갓난아기의 뼈와 근육은 비록 부드럽지만 작은 주먹을 강하게 쥐고 있다. 또한 암컷과 수컷의 결합에 대해 전혀 모르지만 성기가 빳빳하게 일어서는 것은 순수한 기운이 가득차 있기 때문이다. 자연의 이치에 따라 그 생명력이 강하고 지극히 순수한 상태에 머물고 있는 것이다.

갓난아기가 하루 종일 울어도 목이 쉬지 않는 것은 억지로 울지 않기 때문이다. 이것은 조화의 극치라고 할 수 있다. 조화를 이루는 것을 참이라고 하고 참을 아는 것을 밝음이라고 한다. 만약에 무리하게 더 살고자 버둥거린다면 재앙이 닥쳐올 것이며 마음에 욕심을 가득 담으면 억지를 부린다고 할 것이다. 이 세상의 모든 것은 크고 강해지면 반드시 쇠약해지는 법이다.

따라서 도에 어긋나게 행동하면 일찍 사멸하게 된다.

56

아는 사람은 말하지 않는다

아는 사람은 말하지 않으며, 말하는 사람은 알지 못한다.
입을 막고 문을 닫고
날카로움을 무디게 하고 엉킴을 풀고
빛을 부드럽게 하고 티끌 속에 섞일 수 있다면
바로 이것을 도와 하나가 되는 것이라 한다.
그러므로 가까이할 수도 없고 멀리할 수도 없고
이로울 수도 없고 해로울 수도 없으며
귀할 수도 없고 천할 수도 없다.
그러므로 세상에서 가장 귀한 것이다.

知者不言 言者不知
지자불언 언자부지

塞其兌 閉其門 挫其銳 解其分 和其光 同其塵 是謂玄同
색기태 폐기문 좌기예 해기분 화기광 동기진 시위현동

故不可得而親 不可得而疏 不可得而利 不可得而害
고 불가득 이 친 불가득 이 소 불가득 이 리 불가득 이 해

不可得而貴 不可得而賤
불가득 이 귀 불가득 이 천

故爲天下貴
고 위 천 하 귀

　도를 깨우친 사람은 그것을 말로 드러내지 않지만, 말을 앞세운다
면 오히려 도를 모르는 사람이다. 도를 깨우친 사람은 정욕의 입을
막고 욕심의 문을 닫는다. 자신의 날카로운 부분을 무디게 하고 엉킨
마음을 풀어헤치고 자신의 눈부신 빛을 부드럽게 하고 세상의 모든
사람들과 어울린다. 이것을 도와 하나가 되는 것이라 한다. 이런 경
지에 들어서면 그 사람과 가까이하거나 멀리할 수도 없으며, 이롭게
하거나 해롭게 할 수도 없으며, 귀하게 높이거나 천하게 대할 수도

역주

塞색 : 요새, 막다　　　　　　　　銳예 : 날카로움
玄同현동 : 도와 하나가 되는 조화로움　　塵진 : 티끌

없다. 그러므로 도는 세상에서 가장 귀하게 여기는 것이다.

　모든 사람이 명리를 추구하고 중시한다 해서 인생에서 가장 중요한 것은 아니다. 오히려 명리는 욕심을 낳기 때문에 모든 불화의 근원이 되며 가장 소중한 생명을 위협하게 된다. 특히 지도자가 명리를 중시하게 되면 그 사회에 자리잡고 있는 고질적인 문제들이 반복적으로 되풀이하게 된다. 명리를 앞세우는 사람은 생명의 고귀함을 해치고 사회를 분열로 몰아간다.

57

천하를 다스릴 때는 무위로 한다

올바른 소리로 나라를 다스리고
기발한 전술로 군대를 움직이지만
천하를 다스릴 때는 무위로 한다.
내가 어떻게 그것을 아는가? 바로 이러한 것으로 알 수 있다.
세상에 금지하고 가리는 것이 많을수록
백성들은 더욱 가난해지고
임금이 권모술수를 많이 쓰면 나라는 더욱 혼란해지며
신하들이 간교한 꾀를 많이 부리면 괴상한 일들이 자꾸 생기고
법이 엄해지기만 하면 도덕이 더욱 많아진다.
그러므로 성인은 이렇게 말했다.
"내가 아무것도 하지 않으면 백성들은 저절로 교화되고
내가 고요함을 좋아하면 백성들은 저절로 바르게 되고
내가 아무 일도 꾸미지 않으면 백성들이 저절로 부유해지고
내가 욕심을 내지 않으면 백성들은 저절로 소박해진다."

以正治國 以奇用兵 以無事取天下
이정치국 이기용병 이무사취천하

吾何以知其然哉 以此
오하이지기연재 이차

天下多忌諱 而民彌貧
천하다기휘 이민미빈

民多利器 國家滋昏 人多伎巧 奇物滋起
민다리기 국가자혼 인다기교 기물자기

法令滋彰 盜賊多有
법령자창 도적다유

故聖人云 我無爲而民自化 我好靜而民自正
고성인운 아무위이민자화 아호정이민자정

我無事而民自富 我無欲而民自樸
아무사이민자부 아무욕이민자박

올바른 도로 나라를 다스리고 기발한 전술로 전쟁을 해야 하지만
세상을 다스릴 때에는 이러한 것들 없이 오로지 무위로 다스려야 한
다. 왜 그래야 하는가? 무위자연의 도를 깨우치고 있으면 알 수 있는

諱휘 : 숨기다   奇기 : 기발한 전술
以此이차 : 바로 이것이다   無爲무위 : 억지로 행하지 않음

일이다.

즉, 금지하고 기피하는 것이 많을수록 백성들은 걸핏하면 죄를 짓게 되어 안심하고 자기 일을 제대로 꾸릴 수 없다. 그러니 가난해질 수밖에 없다. 또 권모술수를 써서 제멋대로 나라를 움직인다면 나라는 더욱 혼란해질 수밖에 없다. 신하들이 간교한 꾀를 많이 부리면 괴상한 일이 자꾸 일어나고 법률과 명령이 엄해지면 백성들의 자유를 속박하여 그들이 제대로 살 수 없게 되고 그로 인해 도적이 되고 만다. 그러므로 성인은 이렇게 말했다.

"내가 아무것도 하지 않으면 백성들이 저절로 교화되고, 고요함을 좋아하면 저절로 바르게 되고 아무 일도 꾸미지 않으면 저절로 부유해지고 욕심을 내지 않으면 저절로 소박해진다."

엄격한 법령을 만들어 금지하는 일을 만드는 것은 오히려 범법자를 만드는 일이 될 수 있다. 그러므로 억지로 이끌고 나아가려는 작위의 통치로는 세상을 더 나아지게 할 수 없다.

58

빛나지만 눈을 부시게 하지 않는다

다스림이 무디면 백성들이 순박해지고
다스림이 까다로우면 백성들은 모질어진다.
화는 복에서 나오고 복 속에 화가 숨어 있으니
어느 누가 그 결말을 알 수 있겠는가?
결말은 한결같지 않아서
바른 것이 되돌아가 다시 그르게 되고
선한 것이 되돌아가 다시 악하게 되어
사람들이 미혹에 빠진지 참으로 오래 되었다.
그러므로 성인은 네모 반듯해도 남을 네모 반듯하게 만들지 않고
모가 나도 남을 다치지 않게 하고
솔직하지만 멋대로 하지 않으며
빛나지만 눈부시게 하지 않는다.

其政悶悶 其民淳淳 其政察察 其民缺缺
기정민민 기민순순 기정찰찰 기민결결

禍兮福之所倚 福兮禍之所伏 孰知其極 其無正
화혜복지소의 복혜화지소복 숙지기극 기무정

正復爲奇 善復爲妖 人之迷 其日固久
정복위기 선복위요 인지미 기일고구

是以聖人 方而不割 廉而不劌 直而不肆 光而不燿
시이성인 방이불할 염이불귀 직이불사 광이불요

　나라를 다스릴 때 너그럽게 도량이 넓은 정치를 펼치면 백성들이 순박해지지만 정치가 너무 까다로워서 철저하게 살피고 간섭한다면 백성들이 순박함을 잃고 불안해진다. 세상의 모든 사물은 상대적이어서 재앙은 복이 의지하는 원인이 되는 것이며 복은 재앙이 숨어 있는 곳이 된다. 누가 그런 궁극적인 이치를 알고 있겠는가? 그런 이상적인 것은 없다. 바른 것이 돌아가서 기이한 것이 되기도 하고 선한 것이 변하여 요사스러운 것으로 되기도 한다. 언제나 올바른 것은 없다. 세상 사람들이 이러한 상대적인 이치를 깨닫지 못한 지 이미 오래되었다.

따라서 성인은 자신은 반듯하지만 남에게 그렇게 반듯하게 되라 강요하지 않고 자신이 날카로울 정도로 청렴하여도 남에게 상처를 주지 않는다. 자신이 정직하다고 남을 방자하게 대하지 않고 자신은 슬기가 넘쳐 빛이 나도 그것을 남에게 내비치지 않는다.

59

아끼는 것이 가장 중요하다

백성을 다스리고 하늘을 섬기는 일에
아끼는 것보다 더 나은 것은 없다.
오직 아끼는 것만으로 빨리 돌아갈 수 있으며
빨리 돌아가는 것이 덕을 쌓는 일이다.
덕을 많이 쌓으면 이겨내지 못할 일이 없다.
이겨내지 못할 일이 없게 되니 한계를 알 수 없다.
그 한계를 알 수 없으니 나라를 차지할 수 있다.
나라를 다스리는 근본이 있다면, 오랫동안 유지될 수 있다.
이것이 바로 뿌리가 깊고 튼튼한 것이니
오랫동안 지속되는 도인 것이다.

治人事天 莫若嗇 夫唯嗇 是以早服
치 인 사 천　막 약 색　부 유 색　시 이 조 복

早服 謂之重積德
조 복　위 지 중 적 덕

重積德 則無不克 無不克 則莫知其極
중 적 덕　즉 무 불 극　무 불 극　즉 막 지 기 극

莫知其極 可以有國 有國之母 可以長久
막 지 기 극　가 이 유 국　유 국 지 모　가 이 장 구

是謂深根固柢 長生久視之道
시 위 심 근 고 저　장 생 구 시 지 도

　아낀다는 것은 낭비하지 않는 것이다. 즉, 사람을 소중하게 여기고
지식을 함부로 남용하지 않는 것이다. 자신의 욕심에 사로잡혀 억지
로 일을 추진하거나 그러한 과정에서 사람을 경시하는 것을 경계해
야 한다. 자연의 이치에 따라 도의 근본으로 돌아가게 되면 덕을 쌓
을 수 있다. 이처럼 덕을 두텁게 쌓아 나라를 다스린다면 이루지 못
할 일이 없다. 사람과 지식을 아끼는 근본 즉, 도를 갖춘다면 나라를
오래도록 유지할 수 있다.

역주

事天사천 : 하늘을 섬기다　　　　莫若막약 : ~보다 더 중요한 것
嗇색 : 아끼다

60

작은 물고기를 요리하는 것

큰 나라를 다스리는 것은 작은 물고기를 요리하는 것과 같다.

도로 세상을 다스리면 귀신도 조화를 부리지 못한다.

귀신이 조화를 부리지 못할 뿐만 아니라

그 힘으로 사람들을 해칠 수도 없다.

귀신이 사람을 해치지 않는 것처럼

성인 역시 사람들을 해치지 않는다.

귀신이나 성인 모두 사람들을 해치지 않기 때문에

모든 덕이 그대로 백성에게 돌아간다.

治大國若烹小鮮
치 대 국 약 팽 소 선

以道莅天下 其鬼不神 非其鬼不神 其神不傷人
이 도 리 천 하　기 귀 불 신　비 기 귀 불 신　기 신 불 상 인

非其神不傷人 聖人亦不傷人
비 기 신 불 상 인　성 인 역 불 상 인

夫兩不相傷 故德交歸焉
부 양 불 상 상　고 덕 교 귀 언

　작은 생선을 요리할 때에는 이리저리 뒤집거나 들쑤시지 말아야 한다. 이와 마찬가지로 큰 나라를 다스릴 때 백성을 있는 그대로 두어야만 하며 자꾸 괴롭혀서는 안 된다. 이러한 도를 바탕으로 세상을 다스리면 마음 편히 살게 된 백성들은 귀신과 같은 헛된 대상에 매달리지 않게 된다. 이와 마찬가지로 도를 깨우친 성인은 백성들 모두가 행복하게 살 수 있도록 이끈다.
　노자는 무위의 정치, 간섭하지 않는 정치가 가장 바람직하다고 가르치고 있다.

역주

小鮮소선 : 작은 생선

61

큰 나라는 강의 하류와 같다

큰 나라는 강의 하류와 같아서

세상의 모든 것이 모이는 곳이니 바로 세상의 암컷이다.

암컷은 언제나 고요함으로 수컷을 이기고

고요한 상태로 아래에 머문다.

그러므로 큰 나라가 작은 나라에게 낮추면

작은 나라를 얻을 수 있고

작은 나라가 큰 나라에 낮추면 큰 나라를 얻기도 한다.

큰 나라는 모든 사람들을 아울러 다스리려 할 뿐이며

작은 나라는 큰 나라를 섬기며 보호받으려 할 뿐이다.

각자가 원하는 것을 얻을 수 있으려면

큰 나라가 더욱 더 겸손하게 낮춰야 한다.

大國者下流 天下之交 天下之牝
대 국 자 하 류   천 하 지 교   천 하 지 빈

牝常以靜勝牡 以靜爲下
빈 상 이 정 승 모   이 정 위 하

故大國以下小國 則取小國 小國以下大國 則取大國
고 대 국 이 하 소 국   즉 취 소 국   소 국 이 하 대 국   즉 취 대 국

故或下以取 或下而取
고 혹 하 이 취   혹 하 이 취

大國不過欲兼畜人 小國不過欲入事人
대 국 불 과 욕 겸 축 인   소 국 불 과 욕 입 사 인

夫兩者各得其所欲
부 양 자 각 득 기 소 욕

大者宜爲下
대 자 의 위 하

　강의 상류는 언제나 물 흐르는 소리로 시끌벅적하지만 하류는 차분하고 고요하다. 큰 나라는 모든 물줄기들이 모여 합치는 강의 하류와 같아서 천하의 모든 나라와 사람들이 모여들게 된다. 또한 고요함

역주

交교 : 모여들다　　　　　　　　　牝빈 : 암컷
牡모 : 수컷

으로 수컷을 이기는 암컷과 같아서 언제나 아래에 머물며 모든 분쟁을 차분히 해결할 수 있다. 그러므로 큰 나라가 작은 나라를 인정하고 자세를 낮춘다면 다툼없이 모두 모아 다스릴 수 있게 된다. 이처럼 자신을 낮추게 되면 작은 나라를 얻기도 하고 큰 나라를 얻을 수도 있을 것이다. 큰 나라는 모든 나라의 백성들을 다 함께 어울려 살아갈 수 있도록 힘써야 하며, 작은 나라는 큰 나라와 함께 백성을 섬기고자 하는 것이므로 서로가 원하는 것을 다 이루기 위해서는 모름지기 큰 나라가 아래에 있어야 한다.

노자가 주장하는 큰 나라는 바로 하나의 세계이다. 모든 백성들을 한데 모아 다스리기를 원한다면 큰 나라나 작은 나라나 모두 겸손하게 서로의 아래에 있으려 해야 한다는 것이다. 특히 고요함과 낮춤은 큰 나라가 반드시 갖춰야 할 미덕이라고 가르치고 있다.

62

무릎을 꿇고 도를 올리는 것이 낫다

도는 만물을 감싸주고 덮어주니

선한 사람의 보배이며 선하지 않은 사람의 보호막이다.

아름다운 말은 어떤 보물보다 소중하며

기품있는 행동은 남들이 우러러 존경하는 것이다.

선하지 않은 사람도 도에서 나왔는데 어떻게 버릴 수 있겠는가?

그런 이유로 천자를 세우고 삼공三公을 임명할 때

아름드리 구슬을 바치고 사두마차를 보내지만

그것보다는 차라리 무릎을 꿇고 도를 바쳐 올리는 것이 낫다.

옛날부터 이 도를 귀하게 여기는 까닭은 무엇인가?

구하면 얻고 죄가 있어도 면한다고 하지 않는가?

그러므로 천하에서 귀하게 여기는 것이다.

道者 萬物之奧 善人之寶 不善人之所保

도자 만물지오 선인지보 불선인지소보

美言可以市 尊行可以加人

미언가이시 존행가이가인

人之不善 何棄之有

인지불선 하기지유

故立天子 置三公 雖有拱璧以先駟馬 不如坐進此道

고립천자 치삼공 수유공벽이선사마 불여좌진차도

古之所以貴此道者何

고지소이귀차도자하

不曰以求得 有罪以免耶

불왈이구득 유죄이면야

故爲天下貴

고위천하귀

도는 이 세상 모든 것의 근본이다. 도는 모든 것을 따뜻하고 아늑

역주

美言可以市미언가이시 : 도에서 나오는 유익한 말은 어떤 보물보다 소중하다
尊行可以加人존행가이가인: 기품 있는 행위는 남들이 우러러보는 것이다
三公삼공: 태사, 태부, 태보의 높은 벼슬
拱璧공벽: 크고 둥근 구슬
駟馬사마 : 말 네 필이 끄는 마차

하게 감싸주고 쓸모없다 하여 버리는 것이 없다. 선한 사람에게는 보배가 되고 선하지 않은 사람에게도 기꺼이 보호막의 역할을 해준다. 도는 선한 사람의 아름다운 말이나 기품있는 행동만 받아주는 것이 아니라 선하지 않은 사람의 행동도 다 아울러 받아준다. 도의 입장에서 보면 버릴 것, 버림받는 것, 쓸모없는 것은 하나도 없는 것이다.

이러한 도는 나라를 다스리는 천자나 임금에게 특히 필요하다. 천자를 세우고 삼공이라는 최고의 벼슬아치를 임명할 때, 먼저 크고 둥근 구슬을 바치고 뒤이어 사두마차를 보내는 것이 가장 후한 예우였다. 그러나 더 훌륭한 것은 오히려 무릎을 꿇고 직접 도를 바쳐 올리는 일이다.

옛날부터 이 도를 귀하게 여기는 이유는 무엇일까? 도를 지키면 무엇이든지 얻을 수 있고 비록 죄를 져도 면할 수 있기 때문이다. 그러므로 도를 천하에서 가장 귀하게 여기는 것이다.

지도자가 '도'를 따라 실천하게 되면 모든 폐단이 사라진다. 작게는 자신에게 닥쳐온 재앙에서 벗어날 수 있으며 크게는 나라를 부강하게 만들어 백성들이 편안하게 살 수 있도록 할 수 있다. '도'를 깨닫는 것은 모두가 행복해지는 올바른 삶의 방향을 알게 되는 것이므로 두루두루 평안하게 살 수 있는 정책을 펼 수 있게 되기 때문이다.

63

어려운 일은 쉬운 것에서 생겨난다

무위無爲로 다스리고, 무사無事로 일하며, 무미無味로 맛본다.
작은 것을 크게 여기고 적은 것을 많게 여기며
원한은 덕으로 갚는다.
어려운 일은 아직 쉬울 때 풀어야 하고
큰일은 아직 사소할 때 처리한다.
세상의 어려운 일은 반드시 쉬운 것에서 생겨나며
세상의 큰일은 반드시 사소한 것에서 시작된다.
성인은 결코 스스로를 위대하다고 생각하지 않으므로
큰일을 이룰 수 있는 것이다.
무릇 쉽게 승낙하는 사람은 믿음이 부족하고
쉽게 생각하면 반드시 많은 어려움에 부딪친다.
그러므로 성인은 쉬운 일도 어렵게 여기니
결국에는 어려움이 없게 된다.

爲無爲 事無事 味無味

위 무 위 사 무 사 미 무 미

大小多少 報怨以德

대 소 다 소 보 원 이 덕

圖難於其易 爲大於其細

도 난 어 기 이 위 대 어 기 세

天下難事 必作於易 天下大事 必作於細

천 하 난 사 필 작 어 이 천 하 대 사 필 작 어 세

是以聖人 終不爲大 故能成其大

시 이 성 인 종 불 위 대 고 능 성 기 대

夫輕諾必寡信 多易必多難

부 경 락 필 과 신 다 이 필 다 난

是以聖人猶難之 故終無難矣

시 이 성 인 유 난 지 고 종 무 난 의

덕을 갖춘 성인은 무위자연의 도에 따라 세상을 다스린다. 억지로
자신을 따르도록 강요하지 않으며 사소한 것처럼 보이는 일에도 전

역주

無爲무위 : 자연에 순응하여 다스림

無事무사 : 억지로 하려 하지 않다

味無味미무미 : 맛없는 것을 맛보는 것이 도道

報怨以德보원이덕 : 원한을 덕으로 갚는다

력을 다하며 욕심 없는 마음으로 세상을 대한다. 작은 것도 크게 보며 적은 것도 많이 생각하며 무엇보다 원망과 원한은 덕으로 상대한다.

또한 어려운 일과 마주쳤을 때 반드시 일이 더 커지기 전에 해결한다. 세상의 어려운 일은 반드시 쉬운 것에서 비롯되고 큰일은 반드시 작은 것에서 발생하기 때문이다. 성인은 처음부터 끝까지 자신이 위대하다고 생각하지 않기 때문에 위대한 일을 이룰 수 있는 것이다. 깊은 생각을 거치지 않고 가볍게 승낙한다면 믿음이 없는 것이며, 일을 너무 쉽게 생각하면 반드시 큰 어려움을 겪게 되므로 성인은 쉬운 일도 어렵게 생각한다. 그러므로 끝내 어려운 일은 생기지 않게 된다. 원한을 덕으로 갚으라는 것은 노자 윤리학의 핵심을 이루는 말이다.

지도자는 자신을 돋보이게 만들기 위한 명리 추구를 경계해야 한다. 무엇보다 덕으로 사람을 대하고 보호하며 작은 일도 심사숙고하여 세심하게 처리한다. 어려운 일을 마주치면 그 일이 더욱 어려워지기 전에 해결하며 자신의 뜻을 강요하지 않는다.

64

집착하지 않으므로 잃지 않는다

안정된 것이 유지하기 쉬우며,

아직 위험한 조짐이 나타나지 않은 일이 처리하기 쉽다.

무른 것은 풀어지기 쉬우며 미세한 것은 흩어지기 쉬우니

일은 생기기 전에 처리하고 뒤틀리기 전에 대비한다.

아름드리 나무도 털끝 같은 싹에서 비롯된 것이고

9층 누대도 한줌 흙으로 쌓는 것이며 천리길도 발밑에서 시작된다.

잘하려는 사람은 실패하고, 움켜잡으려는 사람은 놓치게 된다.

성인은 잘하려고 하지 않으므로 실패하지 않으며 집착하지 않으므로 잃지 않는다. 사람들은 언제나 일이 다 될 즈음에 실패하는데 끝을 조심하기를 처음처럼 한다면 실패하는 법이 없다.

그러므로 성인은 욕심이 없기만을 바라고

얻기 어려운 보물을 귀하게 여기지 않으며

사람들이 배우려 하지 않는 것을 배우고,

뭇 사람들의 지나침을 되돌리며

만물이 자연을 따르는 것을 도울 뿐 감히 인위적으로 하지 않는다.

其安易持 其未兆易謀 其脆易泮 其微易散

기 안 이 지 기 미 조 이 모 기 취 이 반 기 미 이 산

爲之於未有 治之於未亂

위 지 어 미 유 치 지 어 미 란

合抱之木 生於毫末 九層之臺 起於累土 千里之行 始於足下

합 포 지 목 생 어 호 말 구 층 지 대 기 어 루 토 천 리 지 행 시 어 족 하

爲者敗之 執者失之

위 자 패 지 집 자 실 지

是以聖人 無爲故無敗 無執故無失

시 이 성 인 무 위 고 무 패 무 집 고 무 실

民之從事 常於幾成而敗之

민 지 종 사 상 어 기 성 이 패 지

愼終如始 則無敗事

신 종 여 시 즉 무 패 사

是以聖人欲不欲 不貴難得之貨 學不學 復衆人之所過

시 이 성 인 욕 불 욕 부 귀 난 득 지 화 학 불 학 복 중 인 지 소 과

以輔萬物之自然 而不敢爲

이 보 만 물 지 자 연 이 불 감 위

역주

泮반: 얼음이 녹다, 풀리다   合抱之木합포지목: 아름드리 거목

毫末호말: 터럭, 털끝   幾成기성 : 일이 다 될 즈음

復衆복중 : 여러 사람   過과 : 과실

상황이 안정되어 있다면 그 상태를 유지하는 것은 쉽다. 어떤 일을 할 때 아직 위태로운 조짐이 보이지 않을 때 미리 처리하는 것이 더 쉽다. 단단히 뭉쳐 있는 것보다 느슨하고 무른 것이 더 풀기 쉬우며, 아직 덩어리가 되지 못하여 미세한 것이 흩어지기 쉬운 법이다. 이처럼 어떤 일이 생기기 전에 미리미리 처리하고 해결하기 어려울 정도로 그 일이 뒤엉키기 전에 만반의 준비를 해야 한다. 두 팔로 안을 수 없을 만큼 커다란 아름드리 나무도 작은 씨앗에서 싹을 틔우고 자라나 그렇게 된 것이고, 웅장한 9층 누대도 삼태기로 한줌의 흙을 옮겨 쌓아 그렇게 높이 올라간 것이며, 천리길도 땅을 내딛는 한 걸음부터 시작되는 법이다.

그러므로 어떤 일이든 억지로 잘해 보려고 하는 사람은 오히려 실패하게 되고, 잃지 않으려고 집착하는 사람은 오히려 그것을 잃게 된다. 도를 깨우친 성인이라면 억지로 잘하려 하지 않기 때문에 실패하는 법이 없다. 또한 무엇인가를 차지하기 위해 집착하지 않기 때문에 잃는 법 역시 없다.

어떤 일을 이루려 할 때, 많은 사람들이 처음에는 매우 열심히 하지만 마지막에 실패하는 경우가 많다. 하지만 과욕을 부리지 않고 처음과 같은 자세를 끝까지 유지할 수 있다면 결코 실패하지 않는다. 그러므로 성인은 오로지 욕심이 없기만을 바랄 뿐이며 얻기 어려운 보물에는 관심을 두지 않는다. 성인은 이 무위자연의 도를 통해 사람들의 잘못을 고쳐 나가기 위해 노력하고 만물을 자연의 섭리에 따르게 할 뿐 감히 무엇인가를 이루려 하지 않는다.

노자는 무슨 일이든지 미리 대책을 세우는 유비무환의 태도가 가장 좋은 방법이라고 가르치고 있다. 한 국가를 운영하는 자는 안정적일 때 위기를 생각하고, 작은 일에도 능동적으로 대처하며 사사로운 욕심을 내세우지 말아야 한다. 사회가 분열된 후에 그러한 상태를 알아차린다면 이미 늦은 것이므로, 반드시 큰일이 터지기 전에 미리미리 대책을 세워두어야 한다.

65

잔꾀와 거짓으로 다스리지 않는다

옛날에 도를 잘 실천하는 사람은

백성들을 총명하게 하기보다는 순박하게 만들었다.

백성들을 다스리기 어려운 것은

그들에게 잔꾀와 거짓이 많기 때문이다.

그러므로 잔꾀와 거짓으로 나라를 다스리는 것은 나라의 적이며

잔꾀와 거짓으로 나라를 다스리지 않는 것이 나라의 복이다.

이 두 가지를 아는 것이 또한 법도이니

이 법도를 아는 것을 현덕玄德이라고 한다.

현덕은 깊고도 아득하여 만물과 함께 자연으로 되돌아간다.

그런 다음에 완전히 자연을 따르고 도와 하나가 되는 것이다.

古之善爲道者 非以明民 將以愚之
고 지 선 위 도 자　비 이 명 민　장 이 우 지

民之難治 以其智多
민 지 난 치　이 기 지 다

故以智治國 國之賊 不以智治國 國之福
고 이 지 치 국　국 지 적　불 이 지 치 국　국 지 복

知此兩者亦稽式
지 차 양 자 역 계 식

常知稽式 是謂玄德 玄德深矣遠矣
상 지 계 식　시 위 현 덕　현 덕 심 의 원 의

與物反矣 然後乃至大順
여 물 반 의　연 후 내 지 대 순

　도를 깨우친 옛 성인은 잔꾀와 거짓으로 나라를 다스리지 않았다.
그것으로 나라를 다스리게 되면 백성들이 순박함을 잃어버리고 교
활해지기 때문이다. 그러므로 잔꾀와 거짓으로 나라를 다스리는 것
은 백성들과 나라를 불행하게 만드는 적이 될 것이며 그렇게 하지 않

역주

智多지다 : 세속에 닳고 닳은 잔꾀와 거짓
稽式계식 : 법칙, 법식, 규범
與物反矣여물반의 : 만물과 더불어 순수한 자연으로 복귀한다
大順대순 : 완전무결한 도에 순응하는 경지

으면 백성들과 나라를 행복하게 만드는 복이 되는 것이다. 이 두 가지를 아는 것이 참된 이치이며 언제나 이 이치를 알고 있는 것이 깊고도 아득한 현덕인 것이다. 현덕은 이 세상의 모든 것과 함께 언제나 자연으로 되돌아가 자연을 따르고 도와 하나가 되는 것이다.

노자는 문명사회의 지식과 얕은 지혜로 인한 병폐를 경고했다.

자아수련을 중시해야 하는 위정자는 백성들이 얕은 지식을 바탕으로 투기를 하거나 이기적인 명리를 추구하지 못하도록 이끌어야 한다. 이 두 가지 일은 사소한 것처럼 보이지만 결국 그 사회의 가장 뿌리깊은 문제가 될 수 있을 것이므로 특별한 관심을 갖고 이끌어야 혼란을 막을 수 있다.

66

다투려 하지 않으므로 다툴 수 없다

강과 바다가 모든 골짜기의 왕인 까닭은

아래에 머물기를 잘하기 때문이다.

그래서 능히 모든 골짜기의 왕이 될 수 있는 것이다.

백성 위에 있고자 하면 반드시 스스로를 낮추는 말을 해야 하며

백성 앞에 서고자 하면 스스로의 몸을 뒤에 두어야 한다.

그러므로 성인은 위에 있어도 백성들이 그 무게를 느끼지 못하며

앞에 있어도 백성들이 그를 장애물로 여기지 않는다.

그래서 세상 사람들이 모두 성인을 기꺼이 받들고

싫어하지 않는 것이다.

누구하고도 다투지 않기 때문에 천하의 누구도 다툴 수가 없다.

江海所以能爲百谷王者 以其善下之 故能爲百谷王
강해소이능위백곡왕자 이기선하지 고능위백곡왕

是以聖人欲上民 必以言下之 欲先民 必以身後之
시이성인욕상민 필이언하지 욕선민 필이신후지

是以聖人處上而民不重 處前而民不害 是以天下樂推而不厭
시이성인처상이민불중 처전이민불해 시이천하락추이불염

以其不爭 故天下莫能與之爭
이기부쟁 고천하막능여지쟁

　강과 바다는 낮은 곳에 있기 때문에 이 세상의 모든 골짜기의 물이 그곳으로 모여들 수 있으므로 모든 골짜기에서 모여드는 물의 왕이 될 수 있는 것이다. 성인은 비록 백성들의 위에 있지만 언제나 스스로를 낮추는 말을 하며 스스로를 백성들의 뒤에 두는 겸손한 행동을 한다. 그렇기 때문에 백성들은 성인의 다스림을 받지만 그것에 대해 전혀 부담감을 느끼지 않으며 성인의 인도를 받지만 그것이 자신들에게 장애물이라고 여기지 않는다. 그래서 성인은 기꺼이 존경하며 따르고 싫어하지 않는 것이다. 또한 성인은 도무지 다투려 하지 않기 때문에 천하의 누구라도 아예 싸움을 할 수가 없다.

역주 ────────────────────────

是以시이 : 이로써, 그러므로　　　推추 : 받들다
爭쟁 : 다투다

208

지도자는 군림하는 자가 아닌 모두에게 봉사하는 공복이다. 백성들의 행복을 위해 권한을 위임받은 것이므로 자연의 이치에 따라 다스리지만 군림해서는 안된다. 앞장서서 공동체를 이끌고 나아가지만 위임된 자신의 권력에 도취되어 백성들의 앞길을 막아서는 월권을 행사해서는 안된다.

67

나서지 않으므로 으뜸이 된다

세상 사람들은 나의 도가 너무 커서 어리석다 하는데

오직 크기 때문에 어리석다는 것이다.

만약 현명했다면 나의 도는 이미 오래 전에 작아졌을 것이다.

나에게는 잘 간직하여 보존하고 있는 세 가지 보물이 있다.

첫째는 자애이며

둘째는 검소함이며

셋째는 감히 세상 앞에 나서지 않는 것이다.

자애로움으로 용감할 수 있고

검소함으로 널리 베풀 수 있으며

감히 세상 앞에 나서지 않음으로 만물의 으뜸이 될 수 있다.

그런데 자애를 버리고 용감하기만 하고

검소함을 버리고 베풀기만 하고

뒤에 서려는 태도를 버리고 앞서기만 한다면

모든 것이 멸망하고 말 것이다.

자애로 싸우면 승리하고 자애로 지키면 견고하다.

하늘이 사람들을 구하고자 한다면 자애로 지켜주는 것이다.

天下皆謂我道大 似不肖
천하개위아도대 사불초

夫唯大 故似不肖
부유대 고사불초

若肖久矣 其細也夫
약초구의 기세야부

我有三寶 持而保之
아유삼보 지이보지

一曰慈 二曰儉 三曰不敢爲天下先
일왈자 이왈검 삼왈불감위천하선

慈 故能勇 儉 故能廣 不敢爲天下先 故能成器長
자 고능용 검 고능광 불감위천하선 고능성기장

今舍慈且勇 舍儉且廣 舍後且先 死矣
금사자차용 사검차광 사후차선 사의

夫慈以戰則勝 以守則固
부자이전즉승 이수즉고

天將救之 以慈衛之
천장구지 이자위지

역주

不肖불초 : 못나고 어리석다   久구 : 오래 되다

廣광 : 널리 베풀다   長장 : 우두머리

211

세상 사람들은 모두 나의 도는 너무 커서 어리석은 것 같다고 한다. 도는 너무 크기 때문에 작게 만들어진 물건과는 어울리지 않는 것이다. 그러므로 만약 어리석게 보이지 않았다면 도는 이미 벌써 보잘것없는 존재가 되어 있을 것이다.

나에게는 세 가지 보물, 즉 삼보가 있다. 첫째는 자애이며 둘째는 검소함이고 셋째는 감히 세상 앞에 나서지 않는 것이다. 자애로움이 쌓이면 신중한 마음이 깊어지고 사물의 이치를 깨닫게 되어 성공을 확신하게 되어 용감해질 수 있다. 검소함이 쌓이면 부유해져 그것으로 남에게 충분히 베풀 수 있다. 또한 나의 주장만을 내세우지 않고 겸손한 태도로 세상의 앞에 나서지 않으면 만물의 으뜸이 될 수 있다.

그런데 자애를 버리고 용감하기만 하고 검소함을 버리고 베풀기만 하고 겸손하지 않고 앞에 나서기만 한다면 그것이야말로 모든 것을 멸망시키는 지름길이다. 자애로 싸우면 승리하고 자애로 지키면 견고해지는 법이다. 하늘도 장차 사람을 구하고자 할 때에는 반드시 자애로써 지켜주는 것이다.

노자가 세 가지 보물로 꼽은 자애, 검소, 겸양은 중국에서 불교를 받아들이는 데 커다란 영향을 끼쳤다.

지도자는 자애, 검소, 겸양의 최고 경계에 도달해야 한다. 남들과 높고 낮음을 비교하지 않으며 다만 자신의 생명이 지속적으로 도약하는 것을 꾀하는 것이다. 자애가 있으면 많은 사람들의 도움을 받게 되고, 검소함이 있게 되면 일에서 더욱 많은 성과를 올릴 수 있으며, 남들과 다투지 않으면 지속적인 발전을 이끌 수 있다.

68

뛰어난 장군은 화를 내지 않는다

뛰어난 무사는 용맹함을 내세우지 않고
뛰어난 장군은 화를 내지 않는다.
뛰어난 승부사는 함부로 싸우지 않고
남을 잘 부리는 사람은 언제나 남의 밑에 있다.
이것을 겨루지 않는 덕이라 하고
사람을 잘 다루는 힘이라 한다.
이것을 자연의 도리에 가장 잘 맞는 것이라 한다.

善爲士者不武 善戰者不怒 善勝敵者不與 善用人者爲之下
선 위 사 자 불 무 선 전 자 불 노 선 승 적 자 불 여   선 용 인 자 위 지 하

是謂不爭之德 是謂用人之力 是謂配天古之極
시 위 부 쟁 지 덕   시 위 용 인 지 력   시 위 배 천 고 지 극

뛰어난 무사는 적과 싸울 때 함부로 날뛰는 것으로 자신의 힘을
과시하지 않는다. 군대를 이끌고 전쟁을 치르는 장군은 쉽사리 성을
내지 않는 것으로 전술을 펼치는데 있어 판단력을 흐리지 않는다. 뛰
어난 승리자는 무조건 적과 싸우려 들지 않으며, 싸우지 않고 이기는
길이 있다면 그렇게 해서라도 완전하게 이기는 방법을 선택한다.

남의 재능을 잘 드러내어 쓰는 사람은 남에게 언제나 겸손한 태도
를 보여 그 사람의 재능을 최대한 발휘하도록 이끈다.

용맹함을 보이지 않고 성내지 않으며 싸우지 않고 스스로를 낮추
는 것이 겨루지 않는 덕이다. 다른 사람이 지닌 능력을 이용하는 것
은 자연의 도리에 가장 잘 어울리는 일이다.

노자는 자연의 도를 따른다면 싸우지 않고도 완벽하게 이길 수 있
다는 것을 가르치고 있다.

역주

士사 : 전사
不與불여 : 정면으로 싸우지 않는다
配天古之極배천고지극 : 지극히 높은 하늘의 뜻과 일치

214

지도자의 용인술은 무엇보다 사람을 보호하는 것이며, 마음껏 자신의 일을 추진할 수 있도록 고무하고 격려하는 것이다. 사람과 어긋나고 대립하여 다툰다면 오히려 자신의 장점을 잃어버리게 되며 쉽게 이룰 수 있는 일도 그르치게 된다.

69

전쟁을 슬프게 여기는 자가 이긴다

병법에 이런 말이 있다.
나는 싸움을 거는 사람이 아니라
마지못해 막는 사람이 될 것이며,
한 치라도 공격해 나가지 않고
차라리 한 자를 후퇴하리라.
이것을 가리켜, 안 나가는 듯 나아가고
안 보이는 팔을 흔들고
없는 적을 꺾어 누르고
안 보이는 무기를 든다고 하는 것이다.
적을 깔보는 것만큼 큰 재앙은 없고
적을 깔보면 내 편의 보물을 다 잃게 될 것이다.
그러므로 무기를 들고 맞서 싸울 때에는
전쟁을 슬프게 여기는 자가 이기게 된다.

用兵有言 吾不敢爲主而爲客 不敢進寸而退尺
용 병 유 언 오 불 감 위 주 이 위 객 불 감 진 촌 이 퇴 척

是謂行無行 攘無臂 扔無敵 執無兵
시 위 행 무 행 양 무 비 잉 무 적 집 무 병

禍莫大於輕敵 輕敵幾喪吾寶
화 막 대 어 경 적 경 적 기 상 오 보

故抗兵相加 哀者勝矣
고 항 병 상 가 애 자 승 의

병서에 이런 말이 있다. '내 스스로 전쟁을 일으켜 남을 공격하는 사람이 되지 말라. 만약 적이 공격해 오면 마지못해 방어하는 사람이 되라. 공격할 때 조그만 승리를 위해 무조건 나서지 말고 차라리 크게 뒤로 물러서 후퇴하는 것이 낫다. 이렇게 하면 뒤로만 후퇴하는 것처럼 보여도 실제로는 한 걸음, 한 걸음 승리의 길로 나아가게 되며, 팔을 내려놓고 싸우지 않는 것처럼 보이지만 실제로는 이미 적을 꺾고 있으며 무기를 들지 않은 것처럼 보이지만 이미 승리하고 있는 것이다. 적을 깔보는 것만큼 큰 재앙은 없다. 적을 깔보게 되면 내 편의 보물인 자애, 검소, 겸손을 잃게 된다. 그러므로 무기를 들고 싸울

역주

行無行행무행 : 나아가지 않는 듯 나아가다
抗兵항병 : 거병

扔잉 : 깨뜨리다
相加상가 : 서로 싸우다

때에는 자애와 검소와 겸손의 마음을 갖고 진정으로 전쟁을 슬퍼해야 진정으로 승리하게 되는 것이다.'

노자는 일부러 전쟁을 일으키지 말 것이며, 남이 일으킨 전쟁에서는 최선을 다해 방어하지만 도의 원리에 따라 무위의 전쟁을 해야 한다고 주장하고 있다. 진정한 강자는 세력에 의지하지 않는다. 또한 인명을 경시하지 않으며 약자를 자비심으로 대하는 것이 무위자연의 '도'에 맞는 일이다.

70

거친 베옷을 입고 보배를 품는다

나의 말은 매우 알기 쉽고 실천하기도 쉬운데
천하에 잘 아는 자가 없고, 잘 실천하는 자도 없다.
말에는 근원이 있고 일에는 중심이 있는데
사람들이 이것을 알지 못하기 때문에 나를 알지 못하고
나를 아는 사람은 드물고 나를 따르는 사람은 귀하다.
그러므로 성인은 성긴 베옷을 입고
품속에 보배를 품고 있는 것이다.

吾言甚易知 甚易行 天下莫能知 莫能行
오언심이지 심이행 천하막능지 막능행

言有宗 事有君 夫唯無知 是以不我知
언유종 사유군 부유무지 시이불아지

知我者希 則我者貴
지아자희 즉아자귀

是以聖人 被褐懷玉
시이성인 피갈회옥

　　나의 말은 이해하기 쉽고 실천하기도 쉬운데 세상 사람들은 도무
지 알아듣지 못하고 실천하지도 못한다. 나는 도에 바탕을 두고 말을
하며 도를 중심으로 삼아 일을 하고 있지만 사람들이 이것을 알지 못
하기 때문에 나를 알 수 없는 것이다. 그러니 나를 아는 사람은 드물
고 나를 따르는 사람은 귀하다. 그러므로 성인은 알아주는 사람이 없
어 일개 백성으로서 품속에 도를 간직하고 살아가고 있을 뿐이다.

역주

易이 : 쉬운　　　　　　　宗종 : 근본
希희 : 드물다　　　　　　褐갈 : 삼으로 짠 거친 옷

71

병은 병으로 알아야 한다

알면서도 모른다고 하는 것이 가장 훌륭하며
모르면서 안다고 하는 것은 병이다.
성인에게 병이 없는 것은 병을 병으로 알기 때문이다.
병을 병으로 알 때에만 병이 되지 않는 것이다.

知不知 尙矣 不知知 病矣
지 부 지　상 의　부 지 지　병 의

聖人不病 以其病病 夫唯病病 是以不病
성 인 부 병　이 기 병 병　부 유 병 병　시 이 부 병

　이미 도를 깨우쳤다 해도 모르는 듯 어리석은 듯 처신하는 것이
가장 훌륭한 태도이다. 이와 달리 도에 대해 제대로 알지도 못하면서
아는 척하는 것은 병에 걸렸다고 할 수밖에 없다. 모른다는 것 자체
가 병은 아니지만 자신이 모른다는 것을 인식하지 못하는 것이 문제
인 것이다. 그런 사람이 자기가 병에 걸렸다는 것을 알게 된다면 그
순간부터 그 사람에게는 더 이상 병이 아니다. 도를 깨우친 성인은
알면서도 모른다고 하기 때문에 병이 없다. 또 아는 척하는 것이 병
임을 알기 때문에 병이 없는 것이다.
　노자는 무학無學을 주장한다. 어설픈 배움으로 인해 얕은 잔꾀와
지혜를 내세우는 것보다는 무지無知를 인식하고 소박함을 간직하는
것이 훨씬 낫다는 것이다. 지도자는 자신의 부족한 점을 알고 그것을
보충하기 위해 노력하여 결점과 과실을 자기 성장의 도구로 사용해
야 한다.

역주

病병 : 결점, 폐단

72

스스로를 사랑하지만 귀하게 여기지 않는다

백성들이 통치자의 위세를 두려워하지 않게 되면
결국 반란을 일으키게 된다.
백성들이 사는 곳을 업신여기지 않고
백성들의 생활을 압박하지 않아야 한다.
억압하지 않으면 백성들도 미워하지 않는다.
그러므로 성인은 스스로 알면서도 스스로 드러내지 않고
스스로를 사랑하면서도 스스로를 귀하게 여기지 않는다.
그래서 그것을 버리고 이것을 취한다.

民不畏威 則大威至 無押其所居 無厭其所生
민 불 외 위　즉 대 위 지　무 압 기 소 거　무 염 기 소 생

夫唯不厭 是以不厭 是以聖人自知不自見 自愛不自貴
부 유 불 염　시 이 불 염　시 이 성 인　자 지 부 자 현　자 애 부 자 귀

故去彼取此
고 거 피 취 차

　　나라를 다스리는 자가 엄격한 법과 가혹한 형벌을 앞세워 백성들을 억누르지만 백성들이 그것을 두려워하지 않게 되면 결국 반란을 일으키게 된다. 그러니 백성들이 살고 있는 고을에 대해 이것저것 구속하려 들지 않고 백성들을 자유롭게 놓아두면 백성들도 더 이상 미워하지 않는다. 성인은 도를 깨우쳤음에도 그렇다고 자랑하지도 않고 오로지 겸손하게 행동한다. 또 이 세상의 모든 것을 기르는 덕을 사랑하기 때문에 아주 깨끗하고 욕심이 없어 구차스럽게 형벌이나 법령을 만들지 않는다. 그래서 성인은 스스로 앎과 스스로 사랑함을 취하고 스스로를 드러내고 스스로 귀하게 여김을 버리는 것이다.

역주

威위 : 위엄, 권세　　　　　　　　　押압 : 억누르다
自見자현 : 자신을 드러내다

73

하늘의 그물은 넓고 성글지만 놓치는 것이 없다

굳세고 강한 것을 드러내는 데에 용감하면 죽고

부드럽고 약한 것을 드러내는 데에 용감하면 산다.

이 두 가지 중에는 이로운 것과 해로운 것이 있는데

하늘이 어느 쪽을 싫어하고 왜 싫어하는지 어찌 알 수 있겠는가?

그래서 성인도 오히려 어렵게 여긴다.

도는 다투지 않아도 스스로 오며 잠자코 있어도 잘 꾀한다.

하늘의 그물은 넓고 넓어 성근 것 같지만 놓치는 것이 없다.

勇於敢則殺 勇於不敢則活

용 어 감 즉 살 용 어 불 감 즉 활

此兩者 或利或害

차 양 자 혹 리 혹 해

天之所惡 孰知其故

천 지 소 오 숙 지 기 고

是以聖人猶難之

시 이 성 인 유 난 지

天之道 不爭而善勝 不言而善應 不召而自來 繟然而善謀

천 지 도 부 쟁 이 선 승 불 언 이 선 응 불 소 이 자 래 천 연 이 선 모

天網恢恢 疏而不失

천 망 회 회 소 이 불 실

　　굳세고 강하다는 것을 내세우는 사람은 자기 명대로 살지 못하지
만, 부드럽고 약하다는 것을 드러내는데 주저하지 않는 사람은 자기
몸을 온전하게 보존할 수 있다. 하지만 굳세고 강함과 부드럽고 약함
을 드러내는 것은 이로울 수도 해로울 수도 있다. 그러한 하늘의 도

역주

繟천 : 넉넉하다, 너그럽다
謀모 : 도모하다
천망회회天網恢恢 : 하늘의 그물은 크고 성긴 듯하다

리를 누가 쉽게 파악할 수 있겠는가? 성인도 하늘의 뜻을 쉽사리 이해하기 힘들어 하는데 보통 사람들은 어떻겠는가? 하늘의 도는 이기려고 애쓰지 않아도 이기며, 굳이 말하지 않아도 응답하며, 부르지 않아도 모든 것이 저절로 다가오며, 잠자코 있어도 모든 일이 잘 꾀해진다. 하늘의 그물은 지극히 크고 넓어 매우 성글지만 빠뜨리거나 빼놓는 것이 없기 때문이다.

이 장에서 노자는 모든 일은 하늘에 맡기고 도에 따를 것을 강조한다. 하늘의 법망은 보기에는 성근 것 같지만 악행을 저지르는 사람은 반드시 벌을 받게 될 것이며 선행을 하는 사람은 반드시 복을 받는다고 가르치고 있다.

자연은 유약함과 묵묵함으로 표현되는데 그것을 거슬러 강경함을 떠벌려 드러내는 것은 쇠망을 촉진하는 원인이 된다. 지도자에게는 두드러진 자기 주장보다 자연의 순리에 따른 음덕陰德이 필요하다. 오직 수련을 통해 스스로를 엄격하게 다스려야 한다. 남들과 이익을 다투고 남보다 앞서갈 것을 다투지 않는다면 오히려 하늘의 도에 따라 뜻하는 바를 이룰 수 있게 된다.

74

목수 대신 나무를 깎는다면

백성들이 죽음을 두려워하지 않는다면
어찌 죽음으로 백성들을 두렵게 할 수 있을까?
비록 백성들이 언제나 죽음을 두려워한다 해도
나쁜 짓을 저지르는 자를 잡아 죽일 수 있다 해도
누가 감히 그런 일을 할 것인가?
언제나 죽이는 일을 맡은 자만이 죽일 수 있는 법이다.
누군가 그를 대신하여 죽인다면
이것을 두고 목수 대신 나무를 깎는다고 할 수 있는데
목수 대신 나무를 깎는 사람치고 손을 다치지 않는 자는 없다.

民不畏死 奈何以死懼之
민 불 외 사　내 하 이 사 구 지

若使民常畏死 而爲奇者 吾得執而殺之 孰敢
약 사 민 상 외 사　이 위 기 자　오 득 집 이 살 지　숙 감

常有司殺者殺
상 유 사 살 자 살

夫代司殺者殺 是謂代大匠斲
부 대 사 살 자 살　시 위 대 대 장 착

夫代大匠斲者 希有不傷其手矣
부 대 대 장 착 자　희 유 불 상 기 수 의

　가혹한 정치와 잔인한 형벌로 세상을 다스린다면 불행에 빠진 백성들은 더 이상 죽음을 두려워하지 않게 된다. 나라를 다스리는 자가 어떻게 죽음으로 위협하며 백성들을 이끌 수 있을까? 만약 언제나 죽음으로 백성들을 위협하여 죽음을 두려워하게 만들고, 법을 어긴 자를 잡아 죽일 수 있다 해도 누구에게 감히 백성들을 죽일 자격이 있겠는가? 어떤 경우라도 죽음을 관장하는 하늘의 도만이 누구든 죽일 수 있는 법이다. 하늘의 도를 대신하여 백성들을 죽인다면 이것은 아주 서투른 자가 목수 대신 나무를 깎는 일과 같다. 그로 인해

역주

奇기 : 괴이한 일　　　　　　斲착 : 찍다, 쪼개다

목수 대신 나무를 깎으려 할 때 자기 손을 다치지 않는 자는 없는 법이다.

명나라 태조는 《도덕경》을 읽고 나서 '《도덕경》은 만사의 근본이요, 왕을 위한 훌륭한 가르침이며, 신하와 백성의 보배임을 알게 되었다.'라는 글을 남겼다.

위정자가 제멋대로 자신의 권력을 행사하는 것은 그 사회의 가장 큰 재앙이다. 사회는 합리적인 기준에 근거해 관리되어야 하며 특정한 지위에 따른 월권 행위를 인정해서는 안된다.

75

살려고 애쓰지 않는 자가 오히려 현명하다

백성의 굶주림은 많은 세금을 거두기 때문이며
백성을 다스리기 어려운 것은 인위적으로 간섭하기 때문이며
백성들이 가볍게 죽는 것은
위정자가 자기 몸만 귀하게 여기기 때문이다.
살려고 애쓰지 않는 자가 오히려
자기 몸만 귀하게 여기는 자보다 현명하다.

民之饑 以其上食稅之多 是以饑
민 지 기 이 기 상 식 세 지 다 시 이 기

民之難治 以其上之有爲 是以難治
민 지 난 치 이 기 상 지 유 위 시 이 난 치

民之輕死 以其上求生之厚 是以輕死
민 지 경 사 이 기 상 구 생 지 후 시 이 경 사

夫唯無以生爲者 是賢於貴生
부 유 무 이 생 위 자 시 현 어 귀 생

　백성들이 굶주리는 이유는 위정자가 세금을 가혹하게 수탈하여 자기 배를 채우기 때문이다. 백성들을 다스리기 어려운 이유는 위정자가 자기 멋대로 일을 만들고 법령과 형벌을 만들어 강요하기 때문이다. 백성들이 자기 생명을 아무렇게나 버리는 이유는 위정자가 자기 몸만 귀하게 생각하기 때문에 그런 것이다. 이런 까닭에 맑고 욕심이 없는 위정자가 자기 몸만 귀하게 여기는 위정자보다 현명한 것이다.

역주

有爲유위 : 억지로 일을 꾸미다

76

부드럽고 약한 것이 살아 있는 것이다

사람은 살아 있을 때는 부드럽고 약하지만
죽으면 뻣뻣하고 굳어진다.
풀과 나무는 살아 있을 때는 부드럽지만
죽으면 말라서 딱딱해진다.
그러므로 뻣뻣하고 굳은 것은 죽음의 무리이고
부드럽고 약한 것은 삶의 무리이다.
군대가 강하면 이기지 못하며 나무도 강하면 꺾인다.
강하고 큰 것은 아래에 있고 부드럽고 약한 것은 위에 놓는다.

人之生也柔弱 其死也堅强
인 지 생 야 유 약   기 사 야 견 강

萬物草木之生也柔脆 其死也枯槁
만 물 초 목 지 생 야 유 취   기 사 야 고 고

故堅强者死之徒 柔弱者生之徒
고 견 강 자 사 지 도   유 약 자 생 지 도

是以兵强則不勝 木强則摺 强大處下 柔弱處上
시 이 병 강 즉 불 승   목 강 즉 접   강 대 처 하   유 약 처 상

　　살아 있을 때 사람의 몸은 부드럽지만 죽게 되면 뻣뻣하게 굳는다. 초목도 마찬가지여서 살아서 자랄 때는 바람이 부는대로 부드럽게 흔들리지만 죽은 후에는 곧 메마르고 딱딱해진다. 그래서 뻣뻣하게 굳은 것은 죽음의 무리이며 부드럽고 약한 것은 삶의 무리인 것이다. 군대가 지나치게 강하면 상대방을 얕보게 되어 싸움에서 이기지 못한다. 나무도 억세게 자라 우람해지면 결국 목재로 사용되기 위해 잘리고 만다. 그러므로 강하고 큰 것은 밑에 있게 마련이고 부드럽고 약한 것은 위쪽으로 오르게 마련이다.

역주

堅견 : 단단하다
脆취 : 연하다
摺접 : 꺾다, 부러뜨리다

234

77

남는 것을 덜어내 모자란 것에 보탠다

하늘의 도는 마치 활시위를 당기는 것과 같다!
시위가 높으면 내리누르고 낮으면 치켜올리고
남으면 버리고 모자라면 보탠다.
하늘의 도는 남는 것은 덜어내어 모자란 것에 보태는데
사람의 도는 모자란 데서 덜어내어 남는 데에다 바친다.
그런데 누가 진실로 여유가 있어 천하에 이바지할 수 있을 것인가.
오직 도를 지닌 사람만이 할 수 있다.
그러므로 성인은 하고도 자랑하지 않고
공을 이루고도 자부하지 않으며
자신의 현명함을 드러내지 않는 것이다.

天之道 其猶張弓與

천지도 기유장궁여

高者抑之 下者擧之 有餘者損之 不足者補之

고자억지 하자거지 유여자손지 부족자보지

天之道 損有餘而補不足

천지도 손유여이보부족

人之道則不然 損不足以奉有餘

인지도즉불연 손부족이봉유여

孰能有餘以奉天下 唯有道者

숙능유여이봉천하 유유도자

是以聖人 爲而不恃 功成而不處

시이성인 위이불시 공성이불처

其不欲見賢

기불욕견현

　도의 움직임은 마치 활시위를 당기는 것과 같아서 활시위가 높으
면 아래쪽으로 끌어내리고 활시위가 낮으면 위쪽으로 끌어올려야

역주

與여 : 의문사(?)

功成而不處공성이불처 : 공을 이루고도 자랑하지 않는다

其不欲見賢기불욕견현 : 현명함도 드러내지 않는다

한다. 즉, 남아도는 힘을 덜어내어 부족한 힘을 채워주는 것이다.

이처럼 도의 움직임은 남는 것을 덜어내어 부족한 것을 채워주는 것이지만 자신의 이익을 우선하는 사람들은 대부분 도와 반대로 행동한다. 모자란 곳에서 또 덜어내어 남는 곳에다 갖다 바치기 때문에 가난한 사람은 더욱 가난해지고 부유한 사람은 더욱 부유해진다. 하지만 도와 함께하는 사람은 남는 것을 덜어내어 모자란 것을 채워주려고 노력한다. 그로 인해 무엇인가를 이루게 되어도 뽐내지 않고, 공적을 세워도 내세우지 않으며 스스로 똑똑하다는 것도 드러내지 않는다.

노자는 하늘의 도는 공평하고 평등하며 조화와 균형을 이루고 있어 모두가 더불어 살지만 사람의 도는 불공평하고 불평등하며 부조화와 불균형을 이루고 있어 제각기 혼자 잘 살려고만 한다고 말한다.

자연의 만물에 내재된 정과 반 그리고 음과 양은 언제나 조화를 지향한다. 지도자는 서로 대립되는 면만을 볼 것이 아니라 서로 동화되려는 공동의 연결 고리를 중시해야 한다. 지도자를 착각하도록 만드는 최대의 장애물은 일시적으로 얻는 성과라 할 수 있다. 눈앞의 성과에 만족하지 않고 늘 부족하다는 것을 알아야만 새로운 미래를 만들어낼 수 있게 된다.

78

물보다 약한 것은 없지만

천하에 물보다 부드럽고 약한 것은 없지만
굳세고 강한 것을 이기는 것은 물보다 나은 것은 없는데,
어떤 것도 물의 성질을 바꿀 수 없기 때문이다.
약함이 강함을 이기고 부드러움이 단단함을 이기는 이치를
세상 사람들은 알지도 못하고 실천도 못한다.
그러므로 성인은 말한다.
온 나라의 오욕汚辱을 전부 맡아서 감당하는 이를
사직社稷의 주인이라 하고
온 나라의 불행을 전부 맡아서 감당하는 이를
천하의 왕이라고 한다.
올바른 말은 반대로 들리는 것이다.

天下莫柔弱於水 而功堅强者 莫之能勝
천 하 막 유 약 어 수 이 공 견 강 자 막 지 능 승

以其無以易之
이 기 무 이 역 지

弱之勝强 柔之勝剛 天下莫不知 莫能行
약 지 승 강 유 지 승 강 천 하 막 부 지 막 능 행

是以聖人云 受國之垢 是謂社稷主 受國不祥 是謂天下王
시 이 성 인 운 수 국 지 구 시 위 사 직 주 수 국 불 상 시 위 천 하 왕

正言若反
정 언 약 반

　이 세상에 물만큼 부드럽고 약한 것은 없으나 단단하고 힘센 것을
물리치는데 물보다 더 뛰어난 것은 없다. 물은 바위를 뚫을 수 있으
며, 커다란 배도 들어올리고 산도 옮길 수 있다. 이렇게 물처럼 약한
것이 강한 것을 이기고 물처럼 부드러운 것이 굳센 것을 이기는 것이
다. 물의 이러한 이치를 아는 사람들이 많지 않다. 그래서 성인은 말
한다. 세상의 온갖 더러움을 다 받아들이는 물처럼 온 나라의 더럽고
욕된 것을 전부 자기 것으로 받아들이는 사람은 천하의 왕 노릇을 할
수 있다. 하지만 도에서 비롯된 올바른 말은 언제나 세상 사람들의

역주

社稷사직 : 국가나 조정　　　　垢구 : 더러움

생각이나 진실과는 상반되는 것처럼 들리는 법이다.

사직社稷은 토지의 신, 곡식의 신을 가리키는데 땅과 곡식이 없다면 백성이 살아갈 수 없고 나라도 유지될 수 없다. 훗날 사직은 곧 왕권의 기초를 뜻하게 되었다.

만약 지도자가 유약柔弱한 듯한 자세로 비평과 질책, 원망과 공격 그리고 치욕 등 모든 나쁜 것들을 받아들일 수 있다면 바로 그것으로 스스로를 강대하게 만들 수 있다. 그러므로 유연함은 지도자가 갖출 수 있는 가장 높은 경지가 된다. 물처럼 유연한 태도는 모든 것을 포용할 수 있어 더욱 큰 가치와 의의를 만들어낼 수 있기 때문이다.

79

덕이 없는 자는 빚을 거둬들인다

큰 원한은 화해를 해도 반드시 그 찌꺼기가 남으니
어찌 좋은 것이라 하겠는가?
성인은 스스로를 빚을 내어 준 자라고 생각하기 때문에
남에게 빚을 재촉하지 않으며
덕이 있는 자는 빚을 지고 있다 생각하고
덕이 없는 자는 빚을 거둬들인다.
하늘의 도는 편애함이 없지만
언제나 선한 사람의 편을 들어주는 것이다.

和大怨 必有餘怨 安可以爲善
화 대 원 필 유 여 원 안 가 이 위 선

是以聖人執左契 而不責於人
시 이 성 인 집 좌 계 이 불 책 어 인

有德司契 無德司徹
유 덕 사 계 무 덕 사 철

天道無親 常與善人
천 도 무 친 상 여 선 인

　　큰 원한이 있으면 아무리 화해를 했다 해도 마음속에는 아직 가시
지 않은 원한의 찌꺼기가 남는 법이다. 그러니 이것을 어찌 좋은 일
이라 할 수 있겠는가? 그러므로 처음부터 남한테 원한을 사는 일은
하지 않아야 한다. 성인은 스스로 남한테 빚을 졌다고 생각하고 남을
다그치는 법이 없으며, 덕이 있는 자도 마찬가지다. 반면 덕이 없는
자는 무조건 남으로부터 빼앗으려고만 한다. 하늘의 도는 어느 한쪽
을 특별히 사랑하지 않지만 그래도 언제나 선한 사람의 편을 들어 복
을 내려주는 것이다.

역주

左契좌계 : 돈을 꿔줄 때, 징표로서 두 쪽으로 나눈 대나무의 왼쪽 것은 자신이 보관하고 상
　　대방에는 오른쪽(右契, 우계)을 준다.
徹철 : 수확에서 거두어들이는 세금을 가리킨다

80

새끼를 묶어 사용하게 한다면

나라가 작고 백성이 적으면 무기가 많아도 쓸 필요가 없게 되며
백성들은 살기 위해 멀리 떠나지도 않는다.
비록 배와 수레가 있어도 탈 기회가 없으며
갑옷과 무기가 있어도 늘어놓을 곳이 없다.
사람들에게 다시 새끼로 매듭지어 이를 사용하게 하면
음식을 맛있게 먹고
옷을 아름답게 여기고
사는 곳을 편안하게 생각하고
풍속도 즐거워한다.
이웃 나라가 서로 바라다보이고
닭 울고 개 짓는 소리가 서로 들린다 해도
늙어 죽을 때까지 서로 왕래하지 않는다.

小國寡民 使有什佰之器而不用 使民重死而不遠徙
소 국 과 민 사 유 십 백 지 기 이 불 용 사 민 중 사 이 불 원 사

雖有舟輿 無所乘之 雖有甲兵 無所陳之
수 유 주 여 무 소 승 지 수 유 갑 병 무 소 진 지

使人復結繩而用之
사 인 부 결 승 이 용 지

甘其食 美其服 安其居 樂其俗
감 기 식 미 기 복 안 기 거 낙 기 속

隣國相望 鷄犬之聲相聞 民至老死 不相往來
인 국 상 망 계 견 지 성 상 문 민 지 로 사 불 상 왕 래

나라가 작고 백성들도 적으면 무기가 있어도 쓸모가 없을 정도로
평화롭다. 그래서 백성들은 살기 힘들어 다른 나라로 떠날 필요가 없
을 정도이다.

배와 수레가 있어도 이것을 타고 멀리 나가지도 않으며 갑옷과 무
기가 있어도 자랑하기 위해 늘어놓을 곳도 없다. 백성들은 문자를 쓰
기 이전에 노끈을 맺어 의사 표시를 했던 원시 상태로 돌아가게 된
다. 욕심이 없어 거친 음식을 먹어도 맛있다고 생각하고, 해진 옷도
아름답다고 생각하고, 누추한 집도 편안하다고 생각하고, 소박한 풍

역주

陳진 : 늘어서다   結繩결승: 새끼로 매듭을 맺다

속이지만 즐겁게 누린다.

　이웃 나라 또한 아주 작아서 서로 바라보이고 얼마나 가까운지 이웃 나라에서 닭 우는 소리, 개짓는 소리가 들려오지만 지금 있는 곳이 편하여 늙어 죽을 때까지 서로 왕래하는 법이 없다.

　노자가 생각하는 이상적인 국가는 얼마 되지 않는 인구로 서로 사이좋게 살아가는 촌락공동체와 같은 평화로운 작은 나라였다.

81

말을 잘하는 사람은 선하지 않으니

진실한 말은 아름답게 꾸밀 필요가 없으며,
아름다운 말은 진실하지 않다.
선한 사람은 말을 잘 하지 않으며,
말을 잘하는 사람은 선하지 않다.
참되게 아는 사람은 박학博學하지 않으며,
박학한 자는 제대로 아는 것이 없다.
성인은 쌓아놓지 않고 원래 남을 위하므로
자기는 더욱 여유가 있으며
원래 남을 위하므로 자기는 도리어 더욱 많아진다.
하늘의 도는 오직 만물을 이롭게 하고 해치지 않으며
성인의 도는 남을 위하여 베풀기만 하고 다투지 않는다.

信言不美 美言不信
신언불미 미언불신

善者不辯 辯者不善
선자불변 변자불선

知者不博 博者不知
지자부박 박자부지

聖人不積 旣以爲人 己愈有
성인부적 기이위인 기유유

旣以與人 己愈多
기이여인 기유다

天之道 利而不害
천지도 이이불해

聖人之道 爲而不爭
성인지도 위이부쟁

진실한 사람이란 결국 도를 깨우치고 소박한 자연과 함께 살아가
는 사람이다. 말을 아름답게 꾸미거나 지식이 많다고 자랑하는 사람
은 결국 진실하지 않은 교활한 사람일 뿐이다.
하늘은 오직 만물에게 자애를 베풀어 이로움만을 준다. 스스로 무

역주

不積부적 : 쌓아 두지 않다

엇인가를 가지려 하지 않고 오직 남에게 헌신한다. 이런 하늘의 도를 따르는 사람이 성인이다. 그래서 성인은 남에게 베풀기만을 할 뿐 남과 다투지 않는 것이다.

노자는 시종일관 도와 덕이라는 근원적인 사색의 세계로 우리들을 이끌어간다. 현재 살고 있는 우리의 세계가 얼마나 허영과 경쟁으로 가득 차 있는가를 일깨우며 도와 덕을 통해 자기 자신의 근원을 알도록 한다.

자연의 도를 따르는 지도자는 다만 이로울 뿐 해로운 것이 없으며 공동체의 행복을 지향하지만 다투지 않기 때문이다. 지도자를 평가할 때 무엇을 말했는가보다 그가 베푼 것을 먼저 보아야 한다.

부 록

노자와 《도덕경》에 대하여

무위자연의 도와 덕으로 제시하는 군주론

중국 고대의 사상가인 노자老子는 도가道家의 시조로 알려져 있다. 노자에 대해서는《장자莊子》에 처음으로 언급되어 있지만, 실제로 존재했던 인물인지조차 의심하는 학자가 있을 만큼, 그에 대해 정확하게 알려져 있는 것은 없다. 다만 중국 최초의 역사가인 사마천이 BC 100년경《사기史記》를 저술하면서 노자에 대한 여러 가지 전설들을 수집하여 전기를 작성해 놓았다.

《사기》에 따르면 BC 604년경 초나라 고현 여향(厲鄕, 지금의 허난성 루이현)에서 출생한 노자의 성은 이李, 이름은 이耳, 자는 담聃이다. 어머니가 자두나무李樹에 기대어 아이를 낳았기 때문에 이李씨 성을 갖게 되었으며, 유난히 귀가 커서 이耳라는 이름을 얻게 되었다고 한다.

이 외에도 노자에 대한 여러 가지 이야기가 전해지고 있는데, 그 중에는 어머니의 뱃속에서 수십 년 동안 있었기 때문에 태어났을 때 이미 백

발이 성성한 노인의 모습을 하고 있어 이름이 노자老子가 되었다는 이야기도 있다.

노자는 춘추시대 말기 주나라에서 장서를 관리하는 사관(수장실사)이 되었다. 당시 노자보다 훨씬 젊었던 공자(BC 551-479)가 당대의 유명한 학자로 이름을 떨치고 있던 노자를 찾아가 '예禮'에 대해 물었다는 이야기가 전해진다. 그러나 이 이야기 역시 많은 논란이 있다.

노자는 당시 세상이 어지러워지고 주나라가 망해가는 것을 보고 그곳을 떠나고자 주나라의 서쪽인 진秦나라로 향했다. 진으로 들어가는 함곡관函谷關에서 노자는 문지기 윤희尹喜를 만났는데 그가 도道에 대해 문자 단숨에 오천 언五千言을 지어 주었다는 것이다. 그것이 도와 덕의 뜻을 풀이하여 상편 37장과 하편 44장으로 구성된《도덕경》이다. 그리고 노자는 그곳을 떠났으나 그 후로 그의 행적에 대해서는 아무도 모른다고 한다.

따라서 사마천은 노자와 동일한 인물일지도 모르는 몇몇 인물들을 소개한다. 그 중에는 공자와 같은 시기의 사람으로 도가의 정신에 대한 15권의 책을 저술한 초楚나라의 노래자老萊子가 있으며, 또 한 사람으로는 주나라의 태사이며 위대한 점성술사인 태사太史 담儋이 진秦나라의 헌공을 만났다는 기록이 있어 그가 혹시 노자일지도 모른다고 추측했다.

또한 노자의 죽음에 대해서도 의견이 분분한데, 그가 150년을 살았다고도 하며, 200년 이상 살았다고 생각하는 이들도 있을만큼 고대 중국인들은 노자가 매우 오래 살았다고 생각했다. 여러 가지 정황에 비추어 노자는 신화적인 인물일 가능성이 높지만 그가 저술한《도덕경》의 독창적인 사유체계는 오랫동안 동서양의 지식인들에게 커다란 영향을 끼치고 있다.

도道와 덕德에 관한 노자의 사상, 《도덕경》

중국 고대 철학서인 《도덕경》은 오랫동안 노자가 작성한 것으로 여겨져 《노자》라고 불리기도 한다. 그러나 현재 학계에서는 그가 실존 인물인지에 대해서도 의문을 가지고 있으며 또한 내용에서 공자 시대의 것도 있지만 그 후대의 것도 있어 BC 3세기 경에 여러 사람이 편찬한 것이라고 추정하고 있다. 도가의 사상적 이론이 집약되어 있는 이 책은 도道와 덕德 관한 노자의 독창적인 주장을 담고 있다.

BC 3세기 춘추시대 말기는 중국 봉건체제의 중심이었던 주나라가 붕괴되고 여러 지역의 제후들이 패권을 다투던 시기였다. 백성들은 전쟁과 가난, 부역, 가혹한 세금 등에 시달리며 혼란을 겪고 있었다. 노자는 《도덕경》을 통해 춘추시대의 어지러운 세태를 인간의 헛된 욕망에서 기인한 것으로 보며 '무위자연의 도'로써 진정한 삶의 길을 찾아야 한다고 제시하고 있다.

공자는 인간 사이에 지켜야 할 도덕적인 규범으로 세상을 다스리려 한반면, 노자는 모든 것을 자연에 맡기면 천하는 자연히 다스려진다고 했다. 인위적인 것이 아닌 자연의 이치에 따르는 도와 덕을 갖추어 정치를 펼쳐야 한다는 것이 유교와 다른 점이다. 한漢나라의 고조(재위 BC 206~195)는 노자의 무위자연 사상을 나라의 정치이념으로 삼기도 했다.

《도덕경》에서 말하는 도道의 개념은 다음과 같다.

'도라고 부를 수 있는 도는 영원한 도가 아니며, 이름을 붙일 수 있는 이름은 영원한 이름이 아니다. 무無는 천지의 시작이요, 유有는 만물의 어

머니이다.'

따라서 도란 천지만물보다 먼저 존재하며, 천제天帝보다 먼저 존재한다고 보았다. 또한 무궁무진하며 형상도 없고 소리도 없으므로 무無라고 할 수 있다.

그러나 천지만물이 이 무無에서 생성되고 존재하며 소멸하고 있으므로 이것은 무無이면서 유有이기도 하다. 이처럼 무와 유는 상호의존적이며 영원한 도의 양 측면이다. 무는 아무것도 없다는 것이 아니라 느끼거나 만질 수 있는 것이 없다는 것을 의미한다. 따라서 도는 본질적으로 무위無爲로 이루어져 있으며, 무위란 자연스러움, 즉 자연의 이치에 따른 본성대로 생성하고 소멸하도록 놓아두면 모든 일이 자연스럽게 이루어진다는 것이다. 세상을 다스리는 군자가 이러한 무위를 본받아 백성들을 간섭하지 않고 지배하려 하지 않으면 세상은 저절로 좋아지게 된다는 것이다.

《도덕경》의 해석본

노자의 행적에 관한 이견이 많은 것만큼 현재 전해지고 있는 《도덕경》에도 여러 가지 판본이 존재한다. 일반적으로 가장 널리 보급된 것은 위진 남북조 시기에 위魏나라의 왕필(王弼, 226-249)이 주註를 달았다는 《노자 도덕경주》이다. 전체가 81장으로 구성되어 있으며, 상편 1장에서 37장까지는 도에 관한 내용이고, 하편 38장에서 81장까지는 덕에 관한 내용이다. 현재까지 가장 훌륭한 주석본으로 평가받고 있다.

그 외에 한漢나라 문제文帝 때 하상공河上公이 주석한 것으로 알려진 《도덕진경道德眞經》이 있는데 왕필본이 형이상학적 측면을 강조하였던 것에 비해 하상공본은 양생법養生法 등의 실천적인 성격을 강조한 것이 특징이다.

또한 1972년에 중국 후난성湖南省 장사 마왕퇴에 있던 한漢 나라 시대 초기의 묘에서 출토된 다량의 백서(帛書 : 비단에 쓰여진 글)들 중에 두 종류의 《노자》 사본이 있는 것으로 확인되었다. 이것을 백서본이라고 하는데 글자 자체가 비교적 오래된 것을 '갑본'(BC 247년 경 전국시대 말기)이라 한다. 한漢의 고조 유방이 등장하기 전에 필사된 것으로 본다. 한고조 유방의 이름인 방邦이 그대로 사용되었기 때문이다. 갑본보다 조금 늦게 작성된 것을 '을본'(BC 195년 이전인 한대 초기)이라고 한다. 을본에서는 앞서 방邦자를 국國로 쓰고 있어 피휘(避諱 : 왕의 이름자를 다른 글자로 대치)한 것으로 본다.

백서본은 왕필본과 편집 형태가 조금씩 다르며, 가장 특징적인 것은 야也, 의矣와 같은 허사가 많이 사용된다는 점이다. 따라서 일부 학자들 중에서는 왕필본보다 백서본이 원본에 가깝다고 주장하기도 한다.

백서본이 출토된 20년 후 1993년에는 중국 후베이성(湖北省) 형문시 곽점촌의 초楚나라 고분에서 대량의 죽간(대나무에 쓰여진 글)이 출토되었는데 그중 일부가 노자와 관련된 내용이었다. 이것을 곽점본(죽간본, 초간본)이라고 한다. 이것은 BC 4세기 전국시대 중기 이전에 쓰여진 것으로 본다.

곽점본의 특징은 형이상학적인 난해한 용어를 사용하지 않았다는 점이다. 또한 정치적이거나 권모술수를 뜻하는 용어가 없다. 또한 유가의 이념에 반하는 태도도 보이지 않는다는 점이다. 따라서 학자들 중에는 곽점본이 원래의 노자 원본에 가깝다고 주장하는 이들도 있다.

《도덕경》은 공자의 《논어》 만큼이나 세상 사람들에게 많은 영향을 끼친 경전이다. 또한 중국 철학에 큰 영향을 주어 지금까지 《도덕경》에 대한 연구는 1천 종류가 넘어 《논어》 다음으로 가는 중요한 고전 철학으로 불리고 있다.

노자가 말하는 '성인聖人'이란

노자가 말하는 성인이란 도道를 깨우치고 잘 실천하는 사람이다. 현실을 등진 은사가 아니며 세상 사람들과 더불어 잘 살아가는 현실적인 사람을 말한다. 성인은 현실 속에 머물면서 세상의 혼란함과 탁함을 깨끗하게 씻어주고, 정체되어 있는 세상을 움직이게 하여 새로운 생명력을 넣어 주는 사람이다. 또 묵묵히 이 세상의 모든 것을 낳고 키워주며 완성시켜 주는 사람을 가리킨다.

노자가 생각하는 성인이란,

첫째, 세상의 모든 것은 반드시 변한다는 것을 아는 사람.

둘째, 모든 것에 대해 항상 조심스럽게 대하는 사람.

셋째, 한 사물에만 집착하지 않는 사람.

넷째, 옳고 그른 것을 따지지 않고 언제나 도에 대해 생각하는 사람.

다섯째, 검소하게 살아가는 사람,

여섯째, 텅 빈 골짜기처럼 겸손한 사람.

일곱째, 어떤 사람이든 물건이든 버리지 않는 사람이다.

노자의 '무위자연無爲自然'이란

노자 사상의 핵심은 무위자연이다. 자연은 누군가에 의해서 인위적으로 형성되는 것이 아니다. 그것은 자연스럽게 이루어지는 것이므로 억지가 없다. 자연처럼 억지가 없다는 뜻으로 무위無爲라는 말이 나왔다. 무위란 아무 것도 하지 말고 빈둥거리는 무위도식無爲徒食의 무위가 아니다. 의도적이고 이기적이며, 그래서 부자연스럽고 계산적이며 위선적인 모든 행위를 하지 않는 것을 말한다. 저절로 우러나오는 자발적이고 희생적인 행동이 무위에 가장 가깝다는 것이 노자의 주장이다. 그것의 모범이 바로 우리가 숨 쉬고 있는 대자연이며 또 대자연을 낳고 키우고 완성시키는 도道인 것이다.

사람이 자연과 도를 본받아 무위를 실천한다면 모든 일이 자연스럽게 이루어진다. 특히 나라를 책임지고 백성들에게 행복을 가져다주어야 할 지도자는 무위자연의 도를 따라 나라를 다스리고 처신해야 한다고 주장한다. 그러한 지도자의 모습이 바로 성인이라는 것이다.

노자와 도가

유가儒家의 도덕을 인위적인 것이라 부정하고 자연에 순응할 것을 주장한 노자老子와 그의 생각을 이어받은 장자莊子를 한데 묶어 노장老莊사상이라 부르며 도가道家라 일컫는다. 도가는 노자를 시조로 하여 뒷날 성립된 종교형태인 도교道敎를 포함하지만 일반적으로는 노자와 장자를 중심으로 하는 철학의 한 유파를 가리킨다.

도가 사상의 특징은 유교의 특성인 추상적 도덕주의와 형식적인 예의를 중시하지 않고 '무위자연無爲自然의 대도大道'로 돌아가야 한다는 것이다. '무위無爲'란 우주론적 개념으로, 부자연스러운 일은 아무 것도 하지 않는다는 것, 다시 말해 사람과 자연 그리고 천지만물의 자연스러운 조화를 통해 합일을 이루어야 한다는 것을 의미한다. 또한 정치도 역시 '무위無爲로 백성이 스스로 화한다'는 것을 이상으로 삼았다.

도교道敎

황제黃帝와 노자老子를 교조로 삼은 중국의 종교이다. 한대(漢代, BC 202- AD 220)를 전후로 노장사상을 중심으로 한 도가와 구분하기도 한다. 후한시대 장도릉이 오경을 공부하다가 장생도를 배우고 금단법을 터득한 뒤 곡명산에 들어가 신자를 모았다. 이때 신자들이 모두 5두斗의 쌀을 바쳤기 때문에 오두미도五斗米道라고도 한다. 처음에는 미신적인 종교였으나 일반민중뿐만 아니라 황실 등에서 자신들의 권력을 유지하기 위해 비법을 갖춘 사람들을 우대하면서 발전되어 차차 체계적인 교리를 갖추었다.

옥황상제, 신선방술, 장생불사와 같은 개념들이 도교와 관계가 있다. 2세기 말에 일어난 황건적의 난도 황제와 노자를 추앙하는 황로사상과 관련이 있다. 그리고 당, 송, 원대를 거치며 도교는 널리 퍼져 중국의 토착종교로 자리 잡았다.

춘추전국시대 중국의 사상가들

춘추전국시대

중국 주周 왕실이 서쪽 유목민(견융족)의 공격을 받아 수도를 동쪽의 낙양으로 옮긴 후 진秦나라가 중국을 통일할 때까지 각 제후국들이 패권을 다투던 시기를 말한다. 5패五覇가 나타난 시기를 춘추(春秋, BC 770-403)시대, 이후 7웅七雄이 할거하던 시기를 전국(戰國, BC 403- 221)시대라고 한다.

춘추시대 초에 100여 개의 크고 작은 제후국으로 분열되어 있던 중국은 전국시대에 이르러 크게 한韓, 위魏, 조趙, 제齊, 진秦, 초楚, 연燕 등 '전국7웅'이라는 제후국들이 치열한 전쟁을 벌였다. 전쟁은 BC 221년 진秦나라에 의해 중국 최초의 통일제국이 등장하는 것으로 끝난다.

이 시대는 제후국의 난립으로 정치적으로는 분열의 시대였으나 한편으로는 치국治國, 치민治民을 고민했던 수많은 사상가들이 등장했다. 유가, 도가, 법가, 묵가 등이 대표적인 사상가 집단이며 이들을 통틀어 제자백가*라 한다. 따라서 정치적으로는 혼란스러웠지만 문화적으로는 최고의 황금시대였으며 이후 2,000년 동안, 중국 역사상 가장 커다란 영향을 끼친 시대이기도 하다.

공자

중국 역사상 최초의 사학을 열다

공자(孔子 BC 551-479)는 성은 공孔이고 이름은 구丘이며 자子는 중니仲尼이다. 선생님이라는 뜻의 '자子'가 붙어 공자로 널리 알려졌다. 춘추시대 말기 중국의 동북부 지금의 산둥성 중부에 있는 노魯나라의 곡부에서 태어났다. 노나라는 주周나라의 천자에 의해 봉해진 제후국이었기 때문에 주나라의 의례와 전통이 잘 보존되고 있던 곳이었다. 당시 노나라의 이러한 문화적 토양은 공자가 성장하면서 예禮에 관심을 갖고 공부하게 된 결정적인 원인이 되었다.

공자는 무사계급이었던 아버지 숙량흘叔梁紇이 60이 넘어 젊은 여인 안징재顔徵在를 맞아 태어났기 때문에 정식 혼인관계에서 태어난 것이 아닌 것으로 전해진다. 아버지를 일찍 여의고 홀어머니와 가난한 생활을 했지

---

* 제자백가諸子百家 : 춘추전국시대 등장한 여러 학파의 대표적인 사상가들을 가리킨다. 예를 들면 유가에는 공자孔子, 맹자孟子, 순자荀子, 도가에는 노자老子, 장자莊子, 묵가墨家에는 묵자墨子, 법가法家에는 상앙商鞅, 한비자韓非子, 명가名家에는 혜시惠施, 공손룡公孫龍 등이 있다.

만 어려서부터 학문에 뜻을 두었다는 것은 그의 저서《논어》가운데 '나는 열다섯에 학문에 뜻을 두었다(吾十有五而志于學).'에서 잘 드러나 있다.

공자가 말한 학문은 당시로 말하면 주나라(BC 1046-770) 시대의 예법이다. 공자가 태어날 즈음 중국은 춘추시대 말기로 접어들면서 주 왕조를 중심으로 한 봉건국가의 지배구조가 쇠퇴하기 시작했다. 구체제의 가치관이 해체되고 사회는 도덕적, 정치적으로 혼란기에 접어들었다. 즉 공자의 학문은 주 왕조의 전통적인 예법, 제례, 관습 등에 대한 것이었다.*

그 외에도 공자는 6예藝 - 예禮, 악樂, 사(射. 활쏘기), 어(御. 마차술), 서(書. 서예), 수數 - 에 능통했고, 고전 특히 역사와 시詩에 뛰어났기 때문에 서른 살 즈음에는 많은 사람들이 그의 학문을 배우기 위해 모여들기 시작했다. 그때부터 공자는 중국 역사상 최초의 사학私學을 열어 빈부와 신분에 상관없이 모든 사람들에게 가르침을 개방했다. 사실 이때부터 세습귀족 신분이 아닌 일반 사람도 교육을 받을 수 있게 되었으며 공자의 가르침을 받으려는 제자들이 생겨났다.

인仁에 기반한 도덕정치

공자는 군자君子란 배움을 통해 자신을 발전시키고, 더 나아가 공직에서 도덕을 실현해야 한다고 역설했다. 속세에서 벗어나는 것이 아니라, 세상에 살면서 변화시켜야 한다고 생각했으며 스스로 정치에 참여하는 것이

---

* 공자가 의례와 음악에 관심이 많았던 것에 대해 동양철학자 도올 김용옥(1948-)은 어머니의 성씨 안顔으로 미루어 장례에서 얼굴을 관리하던 일을 했을 것으로 추정한다.

하늘이 자신에게 내려준 사명이라고 믿었다.

젊은 시절에는 말단 관리생활을 했지만 정치에 대한 사명감이 있었기 때문에 40대와 50대초에는 관직에 나가 정치에 참여하기도 했다. 처음에는 노나라의 3대 정치가문인 삼환씨 중의 하나인 계환자 가문에서 가축 관리와 창고관리의 일을 했으나 지방관인 중도재中都宰와 토목 관리의 일을 주관하는 사공司空에 임명되기도 했다. 노나라의 정공定公이 임금일 때는 대사구大司寇의 자리에 임명되어 노나라의 정치, 사법, 행정, 외교 분야의 일에 참여했다.

제후국의 통치자들은 공자의 정치적 견해를 존경하여 국가의 사안이 있을 때마다 공자를 불러 의견을 묻기도 했지만 그로 인해 세도가들의 견제를 받아야 했다. 결국 나이 55세에 이를 때까지 자신의 정치철학을 받아들이는 군주를 만나지 못한 공자는 마침내 노나라를 떠나 유랑 생활을 할 수밖에 없었다.

공자는 춘추시대의 제후국을 떠돌며 인仁에 기반한 도덕정치를 현실정치에서 실현하고자 군주들을 설득했으나, 부국강병으로 천하통일을 노리는 제왕들은 공자의 이상을 받아들이지 않았다. 방랑 생활은 14년 동안 계속되었으며 그동안 여러 차례 죽을 고비까지 넘긴 공자는 BC 484년 다시 노나라로 돌아왔다.

고향으로 돌아온 후 공자의 정치적 활동은 끝이 났으나 명성은 널리 퍼져 그의 사학에는 제자들이 몰려들었다. 공자는 죽을 때까지 제자들을 가르치며 저술에 몰두했다.

공자의 제자들 중에는 뛰어난 학자들이 많았는데(3천여 명), 그들은 여러 나라에 등용되어 공자의 사상을 근간으로 현실 정치에 참여했다. 공자

의 제자들 중에서 특히 학식이나 덕망이 높은 열 명을 가리켜 공문십철孔
門十哲이라 하는데 안회, 민자건, 염백우, 중궁, 재아, 자공, 염유, 자로, 자
유, 자하 등이다.

유교와 《논어》

공자가 체계화한 유교儒敎는 수기치인修己治人, 자기 자신의 수양에 힘쓰고
천하를 이상적으로 다스리는 것을 목표로 하는 학문이다. 공자는 스스로
를 '옛 것을 살려 새로운 것을 알게 하는(溫故而知新)' 사람으로 여겼다. 그
래서 제사, 천제, 장례 등의 의식이 수세기 동안 이어져 오고 있는 이유를
알기 위해 중국의 고대 왕조를 연구하며 옛 것을 찾아내고자 했다.

공자가 고대 왕조에서 가장 숭배했던 인물은 주공(周公, BC ? - 1094?)이
다. 주공은 중국의 전설적인 왕인 황제黃帝와 요堯, 순舜시대, 하夏나라의
우왕禹王, 은殷나라의 탕왕湯王을 거쳐 중원을 차지한 주周나라 무왕武王의
동생이다. 무왕이 죽은 뒤, 왕위에 오를 수도 있었지만 나이 어린 성왕成王
의 섭정이 되어 주나라의 정사를 돌보았다.

주나라 이전까지 중국의 왕조는 철저하게 천제 즉, 하늘의 명을 받은
사람인 천자에 의해 통치되는 신정정치 시대였다. 천자가 중앙에서 천하
를 직접 통치하며 제사와 정치를 주도했다. 그러나 주공은 새로운 행정단
위를 설치하고 혈족들을 제후로 봉하여 그 땅의 지배를 상속하게 함으로
써 주 왕실의 권위를 유지했다. 이것을 고대 중국인들은 봉건이라 했다.

주나라는 봉건제도와 함께 새로운 의례 제도를 다지는데, 혈연과 결혼
으로 맺어진 인척관계를 존중하고 조상에게 올리는 제사를 아주 중요한

일로 여겼으며, 제후들과의 관계도 상호의존을 바탕으로 예의범절에 의해 사회적 유대를 이루어내려는 정치적 이상을 지향했다.

그러나 공자의 시대에 이르면 주나라의 천자에게 충성을 맹세하던 제후들은 천하의 질서에는 관심을 갖지 않고 오로지 자신들의 세력만을 키우려는 도덕적인 타락으로 이어져 결국 나라의 상하질서가 무너져갔다. 공자는 자신보다 500년 전에 살았던 주공의 정신과 주나라 초기의 기풍을 지표로 삼았다. 주 왕실의 도덕정치라는 뿌리 깊은 세계관을 본받고자 했기 때문이다. 공자는 스스로 완성된 인간이 되기 위한 학문에 힘쓰면서 수세기 동안 중원의 정치안정과 사회질서에 기여해 온 의례제도를 회복시키고자 했다. 또한 그것을 위해서는 무엇보다 도덕심이 회복되어야 한다고 주장했다.

이러한 공자의 사상은 공자가 죽은 후 제자들에 의해 기록된 《논어論語》에 집약되었다. 따라서 유교는 공자에 의해 창시된 것은 아니지만 공자의 제자들을 비롯하여 공자의 사상을 받들려는 사람들 즉 유가儒家에 의해 실천되기 시작했다.

인仁과 예禮

공자의 중심 사상은 인仁의 회복이다. 인의 본질은 사람이 지니고 있는 '사랑의 마음'으로 이것은 예禮를 통해 실천될 수 있으며, '효孝와 제悌'의 가족제도에서 시작된다고 본다. 또한 서恕는 충忠과 함께 인을 실천하는 방법이다. 특히 서恕는 배려, '자기가 하고 싶지 않은 일을 남에게 시키지 않는 것'이다. 정치에서는 덕치德治 사상, 군주는 덕으로 백성들을 다스려야 하며 군자다운 인격을 갖추어야 한다. 따라서 군주란 자신을 수양하여 남을 편안하게 하고 백성을 편안하게 하는 사람임을 강조한다.

인과 예를 중시한 유교는 2,500여 년 동안 중국과 우리나라를 비롯하여 동양의 정치 제도와 사상, 문화에 중요한 영향을 미쳤다. 마오쩌둥(毛澤東)의 문화혁명 시절 유교는 낡은 것을 대표하는 체제로 지목되어 수난을 겪었으나 현재 중국에서는 공자와 유교 사상을 부활시키려는 연구가 활발하다.

21세기 영국의 비교종교학자 카렌 암스트롱은 그의 저서 《축의 시대》와 《자비를 말하다》에서 공자의 핵심 사상 중의 하나인 서恕, 즉 '자기가 하고 싶지 않은 일은 남에게도 시키지 않는 것'은 기독교의 근본원리인 황금률 '무엇이든지 남에게 대접받고자 하는 대로 너희도 남을 대접하라.'와 일맥상통하며 동시에 소크라테스(BC 469?-399)와 플라톤(BC 427?-347)의 '선(Goodness)', 부처의 '측은지심(자비)'과도 통한다고 보았다.

장자

삶과 죽음은 같은 것

장자(莊子, BC 369-286?)는 노자와 도가의 사상을 계승하면서도 노자와 구분되는 사상적 특색을 지닌 사람이다. 노자의 다음 세대인 BC 4세기에 활동했다. 이름은 주周이다. 전국시대 사람으로 유가인 맹자(孟子, BC 372?-289?)와 같은 시대 사람이다.

장자는 노자의 무위자연설을 크게 발전시켰다. 또한 모든 사물에 상대

적인 가치가 있다는 만물일제萬物一齊를 강조했다. 즉 '도의 관점에서 세
상을 보면 이 세상에 귀하고 천한 것의 구분이 없다(以道觀之 物無貴賤)'는
것이다. 따라서 삶과 죽음은 같으며 죽음 자체는 도에 합치되는 것으로
보았다.

　장자의 사상은 자신의 이름을 딴 저서《장자》(남화진경南華眞經이라고도 한
다)에 잘 드러나 있으며 본문 속의 일화들로부터 장자의 인품이 어떠했는
지 짐작할 수 있다.

　장자는 외모에 전혀 신경 쓰지 않아 옷은 항상 남루했고 신발은 끈으
로 묶어 놓았으나 자신을 비천하거나 가난하다고 생각하지 않았다. 어느
날 그의 아내가 죽었을 때 친구 혜시惠施*가 조문을 하기 위해 찾아왔다.
이때 장자는 돗자리에 앉아 대야를 두드리며 노래를 부르고 있었다 한다.
혜시는 장자에게 어떻게 아내의 죽음 앞에서 그럴 수 있냐고 말하자 장자
는 이렇게 대답했다.

　'아내가 죽었을 때 내가 왜 슬프지 않았겠는가? 그러나 아내에게는 애
당초 생명도 형체도 기氣도 없었다. 유와 무 사이에서 기가 생겨났고, 기
가 변형되어 형체가 되었으며 형체가 생명으로 바뀌어 죽음으로 변하였
으니 이것은 춘하추동 4계절의 순환과 다를 바 없다. 아내는 지금 우주
안에 잠들어 있는 것이다. 내가 슬퍼하고 우는 것은 천명을 모르는 것과
같다. 그래서 나는 슬퍼하기를 멈췄다.'

　아내의 죽음을 슬퍼하는 것을 '고분지통(叩盆之痛 : 물동이를 두드리며 서러워

---

* 혜자惠子(BC 370~309?). 장자와 같은 시대의 사람으로 장자의 친한 벗이었다. 전국시대
초기 명가名家를 대표하는 뛰어난 사상가였으며 위나라의 재상이었다. '태어나면 죽는 것
이다'와 같은 역설을 보여준 것으로 유명하지만, 남아 있는 글이 거의 없다

한다는 뜻)'으로 표현하게 된 것은 여기에서 유래한 것이다.

이 외에 장자에 대한 일화로 가장 많이 알려진 것은 '나비의 꿈(호접지몽 胡蝶之夢)'이다.

'언젠가 나 장주는 나비가 되어 즐거웠던 꿈을 꾸었다. 나 자신이 매우 즐거웠음을 알았지만, 내가 장주였던 것을 몰랐다. 갑자기 깨고 나니 나는 분명히 장주였다. 내가 나비였던 꿈을 꾼 장주였는지, 장주였던 꿈을 꾼 나비였는지 나는 모른다.'

이것은 생시의 장자와 나비가 된 장자를 구분하기 어려운 것으로 천지만물과 자아 사이에 구별이 없어진 것이다. 즉, 인간은 천지만물과 하나가 됨으로써 도에 이르게 되며, 삶과 죽음이 구분되지 않고 오로지 자연을 따라 살아갈 수 있을 때 자유를 누릴 수 있다고 보는 것이다.

학의 다리가 길다고 자르지 말라

장자 역시 노자와 마찬가지로 인위人爲를 거부했다. '학의 다리가 길다고 자르지 말라'는 물오리의 다리가 짧다고 하여 그것을 이어주거나, 학의 다리가 길다고 그것을 잘라주면 그들을 해치게 되어 자연을 훼손할 수 있다고 말하는 것이다. 따라서 장자는 현세와의 타협을 거부하고 마음 가는 대로 유유자적하며 노닐 듯 살아가는 완벽한 소요유逍遙遊를 통해 세상을 도의 길로 인도하려 했다.

《장자》는 원래 53편이었는데 그 후 수많은 판본이 나왔으며 현재는 진대晉代의 곽상(郭象, ?~312년)이 정리한 33편이 전해지고 있다. 내편內篇 7, 외편外篇 15, 잡편雜篇 11으로 구분되는데, 내편은 대부분 장자 자신이 지은 것이 분명하지만 외편과 잡편은 장자의 사상을 계승한 후세 사람들이 정리한 것으로 본다.

내용은 상징과 우화를 통해서 도를 표현하고 있다. 예를 들면 '설명하거나 배울 수 있는 도는 도가 아니며, 도는 시작도 끝도 없으며 한계도 없고 경계도 없으나 이 세상에 도가 아닌 것은 없으니, 하물며 개구리와 개미에도 도가 깃들어 있으며, 비천한 풀, 기와 조각, 더 나아가 오줌이나 똥에도 도가 있다'고 말한다.

장자의 사상은 훗날 불교, 특히 선禪 불교 학자들에게 영향을 주어 중국불교에서도 나타난다.

맹자

인간은 본성은 선하다

맹자孟子는 중국 전국시대의 사상가 중 한 사람이다. 공자의 시대로부터 100년 후인 BC 372~289년에 활동한 것으로 여겨지지만 확실하지는 않다. 다만 공자의 손자인 자사子思의 제자였을 것으로 추측되며 공자의 사상을 계승하여 유학의 토대를 확립시킨 것으로 평가된다. 우리에게는 어머니가 아들의 교육을 위해 세 번이나 이사를 다녔다고 하는 맹모삼천지교孟母三遷之敎로 알려져 있다.

이름은 가軻이며 자는 자여子輿 또는 자거子車라고 한다. 지금의 산둥성 추현에서 태어났는데, 공자가 태어난 노나라에서 가까웠다고 한다. 당시 중국은 주나라의 봉건제도가 무너지고 크고 작은 나라의 제후들이 패권

覇權을 차지하기 위해 치열한 경쟁을 벌이고 있었다. 이를 경계한 공자의 가르침 이후 새로운 가치관을 제시하는 수많은 사상가 또는 철학자들이 나타나 이 시대를 제자백가 시대라고도 한다.

그들 가운데 한 사람이었던 맹자의 핵심 사상은 인간본성론이다. 맹자는 인간의 본성은 본래 선하다고 믿었다. 성선설性善說이라고도 하는데, 인간은 누구나 양지良知와 양능良能을 지니고 태어났으며, 누구나 본래부터 측은지심, 수오지심, 사양지심, 시비지심이라는 사단四端과 인의예지라는 사덕四德을 지니고 있다고 생각했다. 인간의 본성은 인仁과 의義로 요약될 수 있는데, 인이 따뜻하고 포용적인 사랑이라면, 의는 옳고 그름을 분명하게 구분하는 정의를 의미한다.

맹자는 모든 사람들이 이러한 도덕적 본능을 가지고 태어났다는 것을 다음과 같은 사례를 들어 설명했다.

'누구든 우물에 빠지는 어린아이를 보면 놀라고 마음이 아플 것이다. 그 까닭은 아이의 부모와 잘 사귀고 싶어서도 아니고, 이웃과 친구에게 칭찬 듣고 싶어서도 아니며, 아이의 울부짖는 소리가 귀에 거슬려서도 아니다. 이것만으로도 측은해 하는 마음을 가지지 않는 자는 사람이라고 할 수 없는 것이다.'

측은지심惻隱之心이란 가엾게 여기는 마음 - 인仁의 단端
수오지심羞惡之心이란 불의를 부끄러워하고 미워하는 마음 - 의義의 단端
사양지심辭讓之心이란 양보하고 공경하는 마음 - 예禮의 단端
시비지심是非之心이란 옳고 그름을 분별하는 마음 - 지智의 단端

맹자는 이러한 도덕적 본성을 지닌 이상적인 인간을 대인大人 또는 대장부大丈夫라 지칭하며 이러한 인간이 호연지기(浩然之氣, 하늘과 땅 사이에 넘치는 크고 강하고 곧은 것)를 갖춘다면 수양을 통해 도덕적 용기를 지닌 성인이 될 수 있다고 보았다.

민본사상과 역성혁명

중국 전국시대의 정치적 분열 상태를 예리하게 파악한 맹자로서는 노자와 장자의 무위無爲로는 어지러운 세상을 구할 수 없다고 생각했다. 따라서 맹자는 여러 제후들에게 자신의 사상을 알리고 가르치려고 했다. 패권을 차지하기 위해 혈안이 되어 있는 제후들에게 인의仁義를 바탕으로 하는 왕도정치를 행하라고 설파했다. 여기에서 더 나아가 인의를 행하지 않는 군주는 당연히 민의에 의해 교체될 수 있다고 주장했다. 민본民本에 의한 역성혁명易姓革命의 정당성이 최초로 제기된 것이다. 이러한 맹자의 사상은 우리나라에도 영향을 끼쳐 고려에서 조선으로 바뀌는 왕조 교체에 정당성을 부여하기도 했다.

맹자는 BC 320년에는 양梁나라의 혜왕을 찾아갔으며, 제齊나라의 선왕에게도 갔으나 신임을 얻지 못했다. 그 뒤 송나라를 비롯하여 여러 곳을 주유하며 유세遊說를 펼쳤으나 결국 고향 추로 되돌아왔다. 어떻게 하면 군사력을 키워 다른 나라를 제압할 수 있을 것인가를 고민하는 제후들에게 맹자의 사상은 실용적이지 않은 것으로 보였을 뿐이었다.

결국 맹자 역시 공자처럼 당대에는 자신의 이상을 실현시키지는 못했다. 그러나 그는 여러 제후들과 토론한 것들을 기록으로 남기기 시작했으며 제자들과 함께 《시경》,《서경》 그리고 공자의 사상을 토론하며 저술에 전념했다. 이렇게 하여 남긴 책이 《맹자》 7편이다.

맹자는 민民의 위상을 군주보다 더 높은 곳에 두었다. 그리고 제후들에게 여민동락與民同樂, 즉 백성들과 동고동락할 것을 요구했다. 즉 선善의 기준은 많은 사람과 그 가치를 공유할 때 선이라 말할 수 있다는 것이다. 따라서 맹자는 중국 고대 왕조였던 요와 순임금 시대를 선하고 실용적인 통치의 이상적인 예로 제시하며 앞서 말한 인, 의, 예, 지를 계발하면 요순과 같은 현자가 될 수 있다고 말한 것이다.

맹자의 가르침은 송宋나라 때 즉 11~12세기 유교 사상이 부흥하면서 정치체제의 이념이 되었으며 송대 이후의 과거시험에 맹자의 사상은 필수과목이 되었다.

순자

공자의 예禮 사상을 계승 발전시키다

순자(荀子, BC 298~238)는 맹자와 같은 시대에 살았으며, 흔히 맹자의 성선설과 대비되는 성악설을 주장한 사람으로 알려져 있다. 중국 전국시대 조趙나라의 유학자이며 이름은 황況, 자는 경卿이다. 자신의 고향에서 학문을 하던 순자는 제齊나라의 직하稷下로 건너갔다. 당시 제나라는 여러 제후국 중에서 가장 큰 나라였기 때문에 직하에는 유가를 비롯한 수많은 사상가들이 모여 학문을 도모하고 있었다.

순자는 제나라 최고의 학사로 세 차례나 제주祭主를 지냈을 정도로 학문을 인정받았다. 따라서 전국시대 말기 최고의 석학이었다고 할 수 있다. 그러나 학문과 지성을 서로 다투고 있었던 곳이었기 때문에 모함을 받아 제나라를 떠나야 했다. 또한 강성했던 제나라의 기운이 약해지면서 학자들도 모두 제나라를 떠나고 있었다.

당시는 전국시대 말기로 남쪽의 초楚나라와 서쪽의 진秦나라가 작은 제후국들에게 군사적 힘을 과시하며 곳곳에서 폭력이 난무했다. 순자는 이때 잔인하고 참혹한 많은 일들을 목격한 것으로 보인다. 특히 자신의 나라 조趙나라의 병사 수만 명이 BC 260년 진秦나라 군대에 의해 산 채로 땅에 파묻혔을 때 조나라에 있었다고 한다. 따라서 순자는 인간의 본성에 기본적으로 악이 존재한다고 생각했던 것이다.

순자는 전국시대의 사회적 분열을 끝내는 것을 자신의 과제로 삼았다. 따라서 여러 제후국을 돌며 정치를 개혁하고자 노력했지만 좀처럼 등용되지 않았다. 나이 55세 무렵, BC 255년 초나라의 재상 춘신군이 그를 난릉의 현령으로 천거해 주었기 때문에 마침내 관직에 오를 수 있었다. 그러나 10년 후 모함을 받은 순자는 현령직을 사임하고 조나라로 돌아왔다. 그러나 몇 년 후 춘신군이 다시 순자를 청했기 때문에 난릉으로 되돌아왔다. 얼마 후 초나라에 난이 일어났고 왕위 계승에 관련된 춘신군이 암살되자 그의 지지를 받고 있던 순자는 관직에서 해임되었다. 이후 순자는 정치에 더 이상 참여하지 않고 죽는 날까지 난릉에 정착했다.

순자는 맹자와 달리 인간이 타고난 도덕적 품성이 악하다고 생각했다 性惡說. 따라서 배우고 생각하는 노력을 해야 선하게 된다고 믿었다. 그것은 예禮를 익히고 따름으로써 올바른 판단을 할 수 있다는 것이다.

순자가 제시한 예禮는 고대의 성왕(요순이나 주나라의 주공과 같은)이 제정한 외면적인 사회규범으로서 사람들의 성정을 선하게 변화시킬 것이라고 확신했다. 또한 재화를 공정하게 분배하기 위한 정치적 통치의 표준이 될 수도 있다고 보았다.

예치禮治 사상

순자에 의하면 모든 인간은 '남을 시기하고 증오하는 감정을 품고 태어나며, 그런 본성을 내버려두면 폭력과 범죄로 나아가는 세상이 되고 충성과 믿음은 모두 사라진다'고 생각했다. 순자는 이러한 악한 본성은 예로써 다스려야 한다며 다음 같은 비유를 사용했다.

'구부러진 나무는 도지개에 대놓고 불에 쬐어 억지로 펴야만 곧게 만들 수 있고, 무딘 칼은 숫돌에 갈아야 날이 선다.'

이러한 본성을 없애기 위해서 열심히 노력하면 현자가 될 수 있다. 단 이것은 혼자 이룰 수 있는 것이 아니다. 반드시 스승을 찾아서 스승의 가르침, 예에 복종해야 한다. 그런 다음에 예를 지키고 겸손하게 행동하라는 명령을 따르고, 사회의 규칙을 준수하면 질서를 이룰 수 있다는 것이다.

순자는 선善을 의식적인 노력의 결과라고 보았기 때문에 양가나 도가처럼 자연스럽게 찾아오기를 기다리는 것은 아무런 소용이 없다고 생각했다. 그러나 법과 벌이라는 제도로 복종하도록 강요하는 법가의 주장에는 전적으로 동의하지는 않았다. 오히려 과거 시대의 지혜, 즉 요순시대의 지혜를 연구하여 따라야 한다는 공자의 사상을 더욱 확장시켰다.

예란 존경과 양보로서 어지러운 감정들을 조절해 줄 것이며 사회관계의 질서를 바로잡는 방법을 발견할 수 있도록 해주기 때문에 제후들, 즉

통치자라면 반드시 예에 의해 스스로를 관리함으로써 인간 본성이 왜곡
되지 않고 덕치를 이끌어 사회 전체에 평화와 질서를 가져올 것이라고 믿
었다.

순자는 스스로 공자를 계승한 진정한 유가라고 천명했다. 맹자와 순자
의 사상적 뿌리가 유교라는 것에는 다름이 없다. 다만 맹자가 마음에서
우러나오는 예를 강조했다면, 순자는 외부로부터 절제하는 예를 강조했
다. 이러한 이유 때문에 훗날 송대의 학자들에 의해 맹자가 칭송된 반면
순자는 유교의 이단자로 배척되기도 했다.

순자의 자연법 사상

순자는 중국의 고대 사상가들 중에서 드물게 하늘을 물리적 현상으로 바
라보았다. 순자에게 예란 자연법이었다. 예에 의하면 우주는 혼돈에서 질
서를 만들어내는 것이다. 순자는 '하늘과 땅은 예에 의해 조화를 이루고,
사계절이란 예에서 질서를 만들어내는 것이며 해와 달, 별과 행성을 포함
한 천체의 움직임과 변화도 예에 의해 움직인다.'라고 말했다.

하늘天을 신비하고 초자연적인 종교적 관점으로 바라보는 당대의 사고
에서 탈피하여 자연 현상과 인간의 일은 독립적인 것(天人分二, 천인분이)이
라고 주장했다. 따라서 중국 최초로 과학적 사고를 시작한 사상가들 중의
한 명이다.

진秦나라를 부국강병으로 이끈 뛰어난 법가

한비자(韓非子, BC 280?~233)는 전국시대 7웅(한, 위, 조, 진, 초, 제, 연) 중에서 한韓나라에서 태어났다. 이름은 비非이다. 사마천의 사기열전에 의하면 '한나라의 공자公子 중의 한 사람'으로 기록되어 있어 서얼 출신의 공족公族이었던 것으로 추측된다. 한비자는 당시 제나라 직하에서 학자로 큰 명성을 떨치고 있던 순자荀子의 문하에 들어가 학문을 배웠다.

순자의 제자들 중 역사상 가장 유명한 두 명의 인물이 있는데 한비자와 이사(李斯, BC ?-208)* 이다. 두 사람은 전국시대 말기 중국을 통일하는 진秦나라 시황제 밑에서 중요한 자문 역할을 한다.

한비자는 스승인 순자에게서 유가의 학설뿐만 아니라 제자백가의 모든 학문을 배웠지만 순자가 지향하는 방향과는 다른 사상을 추구한다. 그것이 형刑과 법法의 학문인 법가法家 사상이다. 한비자는 순자가 인간의 본성은 악한 것이기 때문에 예를 통해 인위적으로 선을 추구해야 한다는 핵심 사상에서 예를 법으로 대치했다. 즉 인간의 본성을 법과 상벌의 원칙으로 다스려야 한다고 주장함으로써 제자백가 시대 법가를 대표하는 인물이 되었다.

---

* 전국시대 진나라가 6국을 제압하고 중국을 통일하는 데 공을 세운 전략가이다. 법가사상을 기반으로 진시황의 중앙집권 통치를 강화시키고 승상의 자리까지 올랐다. 분서갱유와 같은 사상 탄압도 그의 계책이었다. 그러나 진시황이 사망한 후 권력을 이용하여 황제 계승 문제를 조작하여 자신이 만들어 놓은 형벌에 의해 처형되었다.

전국시대는 춘추시대보다 제후국들 사이의 전쟁과 혼란이 더욱 가중되고 있었다. 제후들 아래 모여든 전략가와 사상가들은 어떻게 하면 상대국을 제압하고 천하 통일을 이룰 수 있을 것인가에 대한 방책만을 연구했다. 사실 진秦나라는 중원의 여러 제후국 중에서 서쪽의 변방에 있던 미개한 나라였다. 다시 말하면 주周나라의 전통과 예가 미치지 않아 문화적으로 뒤처져 있었으며 정치체제 역시 열악했다. 인과 예, 도와 덕치를 역설하는 유가와 도가, 묵가 등등의 주장이 더 이상 효율을 발휘할 수 없는 시대가 되었다고 생각한 한비자는 진秦나라에 필요한 것은 법치를 통한 정치체제의 개혁이라고 보았다. 법과 벌이라는 효율적인 체제를 통해 전제왕권을 강화하는 것이 나라에 최선의 이익이 된다고 생각했다. 이것은 제왕학이라는 새로운 통치 방식이었다.

한비자를 비롯한 법가 사상에 의해 진秦나라의 백성들은 병역과 부역에만 전념하게 된다. 전쟁 중에는 엄격한 규율을 지켜야 했으며, 농사를 지을 때에는 나라에서 정한 토지 개혁에 따라야 했다. 만약 법을 위반하게 되면 무자비한 처벌이 내려졌다. 진秦나라는 법가 사상을 토대로 통일의 기초를 닦아 전국시대의 여러 제후국들을 제압하고 중국 최초의 통일제국을 완성했다(BC 221). 그러나 가혹한 통치방식은 불과 14년 만에 진秦왕조의 멸망을 가져오고 말았다.

한비자와 이사는 순자의 제자로 동문수학한 사이였다. 한비자는 자신의 조국 한韓나라의 국력이 쇠약해지고 다른 나라의 위협에 멸망할 위기에 처한 것을 염려했다. 따라서 유가들의 주장을 반대하고 왕에게 군대를 강하게 만들어야 한다는 것과 여러 가지 제도적 개혁을 제시하는 글을 올려서 왕을 설득하려고 했다. 그러나 한나라의 왕은 한비자의 훌륭한 계책을 알아차리지 못했다.

그러나 한비자가 저술한 책이 진秦나라에서 널리 읽히게 되었는데, 이때 진秦나라의 제31대 왕인 영정(嬴政, 훗날 중국 최초의 통일제국 진(秦 BC 221~206)의 시황제가 된다)이 한비자의 글 〈고분孤憤〉과 〈오두五蠹〉를 읽고 '이 책을 쓴 사람을 만날 수만 있다면 여한이 없겠다'고 했다.

이때 진시황의 참모로 있던 이사는 진시황이 찾고 있는 인물이 한비자임을 알려 주었다. 결국 한비자는 자신을 알아주기를 바랐던 한나라가 아니라 진시황에 의해 진나라에 등용이 되었다. 그러나 평소에 자신의 학문이 한비자에 미치지 못함을 알고 있었던 이사는 한비자를 모함하게 된다. BC 233년 진시황은 이사의 모함에 넘어가 한비자를 감옥에 가두고 독약을 보내어 스스로 자살하게 했다. 한비자가 남긴 저서《한비자》에는 고대 중국 법가들의 사상이 고스란히 정리되어 있다.

묵자

겸애를 바탕으로 한 비폭력의 메시지

묵자(墨子, BC 479?-381?)는 BC 5세기 전국시대 초기에 활약한 사상가로 묵가墨家의 시조라고 하나 그에 관해 알려진 것은 별로 없다. 이름은 적翟이다. 전국시대 끊임없이 자행되고 있는 전쟁에 대해 철저하게 반대하며 비폭력의 메시지를 설파했다.

공자가 인仁과 예禮를 설파하던 시대에는 그나마 제후국 상호간에 예의를 지키는 전사들이 있었다. 그러나 공자가 죽고 200여년이 지나는 사이에 점점 더 많은 사람들이 전쟁에 동원되었으며, 무기들이 개발되고 군사 전문가와 용병들 즉 협객이 환영을 받는 시대가 되었다.

묵자는 자신을 따르는 사람들과 함께 엄격한 공동체를 이루고 있었던 듯하다. 그들은 규칙 아래 움직였으며 검은 옷을 입고 다녔다. 전쟁을 하러 다녔다기보다는 작고 약한 나라를 방어해 주기 위한 용병 역할을 했다. 묵자가 보기에 사람들은 점점 더 잔인한 전쟁에 동원되면서도 여전히 노역에 시달리고 세금을 못 내어 궁핍한 생활을 해야 하는 것이 견딜 수가 없었다.

따라서 묵자와 그를 추종하던 묵가들은 매우 독창적인 사상을 통치자들에게 설파했다. 그들의 사상은 10가지 주제로 정리되어《묵자》에 기록되어 있다.

그 중 한 가지를 예를 들면 묵자는 예와 3년상과 같은 장례의식, 정교하게 격식을 차리는 전례 등은 비실용적이라고 생각했다. 따라서 호화롭지도 않고 수수했던 요순시대와 우禹왕 시대를 모범으로 삼아야 한다는 내용을 담고 있다. 그러나 무엇보다 가장 핵심적인 묵자의 사상은 겸애兼愛였다. 물론 그것은 공자의 인仁으로부터 출발했다. 공자의 인仁이 나 자신에서 가족으로까지 전개되었다면, 묵자의 겸애는 타인을 향해서도 친족처럼 느껴야 한다는 것이다. 따라서 '다른 사람도 자신처럼 여겨야 하며' '다른 나라를 자신의 나라처럼 존중하게 되면' 전쟁을 할 이유가 없는 것이다.

묵자는 '하늘이 모든 백성을 구별 없이 평등하게 사랑하는 것처럼, 우리도 다른 사람을 차별 없이 사랑해야 한다'며 통치자들에게 전쟁은 아무에게도 이익을 주지 않는다는 것을 설득하려고 했다. 만일 모든 사람들이 자신을 존중하듯이 타인을 존중하도록 설득할 수 있다면 세상에는 평화와 조화가 넘칠 것이다. 즉 겸애를 실천에 옮긴다면 다른 나라를 완전히 파괴하거나 많은 사람들을 학살하지 못할 것이라고 주장했다.

묵자의 주장은 실용적이며, 공리주의적이었으며 유토피아적이었다. 따라서 전국시대에 묵자는 공자보다 더 높이 숭배를 받았다. 그러나 당대의 사회적 현실에서 묵자의 주장이 실현되기에는 너무 이상적이었다. 그럼에도 불구하고 묵가의 주장은 유가와 도가와 더불어 중국의 3대 사상 중의 하나로 이어졌다.